职业教育·道路运输类专业教材

HIGHWAY ENGINEERING COST

公路工程造价

第2版

周庆华 李 艳 主 编

人民交通出版社

北京

内 容 提 要

本书为职业教育道路运输类专业教材，以交通运输部颁布的现行公路工程定额和编制办法为依据进行编写。全书共分为7个模块，分别是公路工程造价基本知识，公路工程定额，公路工程概算、预算文件编制，公路工程招投标阶段造价编制，公路工程费用结算，公路工程造价管理系统应用，公路工程计量与支付管理平台应用。

本书可作为高职高专道路工程造价、道路与桥梁工程技术、道路养护与管理等专业的教学用书，也可供工程造价、工程设计、施工管理、工程监理等工程技术人员参考。

本书有配套的教学课件，教师可通过加入教职路桥教学研讨群（QQ561416324）免费获取。书中相关知识点链接了数字化学习资源，读者可扫描二维码免费查看。

图书在版编目（CIP）数据

公路工程造价 / 周庆华，李艳主编. — 2 版.
北京 ：人民交通出版社股份有限公司，2025. 1.
ISBN 978-7-114-19875-5

Ⅰ . U415. 13

中国国家版本馆 CIP 数据核字第 2024SK0084 号

职业教育·道路运输类专业教材
Gonglu Gongcheng Zaojia

书　　名：	公路工程造价（第 2 版）
著 作 者：	周庆华　李　艳
责任编辑：	刘　倩
责任校对：	龙　雪
责任印制：	张　凯
出版发行：	人民交通出版社
地　　址：	（100011）北京市朝阳区安定门外外馆斜街 3 号
网　　址：	http://www.ccpcl.com.cn
销售电话：	（010）85285911
总 经 销：	人民交通出版社发行部
经　　销：	各地新华书店
印　　刷：	北京市密东印刷有限公司
开　　本：	787×1092　1/16
印　　张：	15
字　　数：	368 千
版　　次：	2020 年 1 月　第 1 版
	2025 年 1 月　第 2 版
印　　次：	2025 年 1 月　第 2 版　第 1 次印刷　总第 7 次印刷
书　　号：	ISBN 978-7-114-19875-5
定　　价：	48.00 元

（有印刷、装订质量问题的图书，由本社负责调换）

第**2**版

前·言

PREFACE

课程特点

公路工程造价是道路工程造价、道路与桥梁工程技术等专业的核心课程,也是一门理论与实践并重的课程。通过学习本课程,学生应掌握公路工程定额的使用方法,掌握不同阶段造价文件的编制方法,熟悉工程量清单的组成特点,熟悉计量与支付的工作流程。本课程教学突显工学结合、学训交替的特点。

教材建设背景

陕西交通职业技术学院不忘初心、拼搏奋斗,深化教育教学改革,优化专业体系结构,加强师资队伍建设,完善质量保证体系,始终致力于提升内涵建设品质,提高人才培养质量,增强社会服务能力。近年来,陕西交通职业技术学院道路与桥梁工程技术专业群先后获评国家级教学团队、国家级职业教育教师创新团队,全国职业院校交通运输类示范专业、高等职业教育创新发展行动计划骨干专业、陕西省高职院校"一流专业"、陕西省高职院校高水平专业群等重大荣誉和政策支持。2017年以来,陕西交通职业技术学院围绕道路与桥梁工程技术专业群的核心课程编写了一套21本"新时期交通土建类高职高专规划教材"。《公路工程造价》作为其中之一,自2020年1月出版以来,在高职院校道路工程造价、道路与桥梁工程技术等专业被广泛使用。近年来,随着国家供给侧结构性改革和"放管服"改革进一步深化推进,工程造价行业也随之向规范化、数字化、信息化方向发展,为了更好地适应高质量人才培养的需求,符合行业发展趋势和标准规范变更,编者对第一版教材进行了修订。

本版教材特色

1.校企共同开发,工学结合特色突出

本教材编审团队由职业院校骨干教师和企业一线技术专家组成,根据工作岗位能力需求序化教材内容,使之与职业岗位需求无缝对接,以符合学生的认知特点和学习需要来进行教材内容设计,选取工程实际案例,充分融入新工艺、新技术、新定额、新规范，突出工学结合的职教教材特色。

2. 有机融入思政元素，落实立德树人根本任务

本教材除介绍公路工程造价的专业知识外，编者还充分挖掘与本专业本课程相关的科学精神、工程伦理、价值理念、职业素养等思政元素，将其有机融入教材内容，使学生在潜移默化中提高职业素养和道德素养，帮助学生全面成长。

3. 数字化资源与纸质教材相融合，适应线上线下混合式教学

为帮助学生更好地理解课程重难点，掌握工程软件和管理平台的操作方法，提升学生的学习积极性，同时，为适应线上线下混合式教学的需要，本教材配有课件、教学视频、微课、工程案例等形式多样、内容丰富的数字化资源，以二维码形式嵌入教材，学生可直接扫码观看与学习。

4. 开发对接岗位能力需求的学习任务和工作页，实现学训交替、岗课赛证融通

本教材紧密结合公路工程造价岗位技能要求，紧跟行业发展趋势，满足行业企业对人才的需求，对接"1＋X"工程造价数字化应用职业技能等级标准、建设工程计量与计价大赛、公路工程数字化计量与支付技能竞赛、全国BIM电子招投标大赛等赛项要求，将概(预)算计价、清单编制、计量与支付等融入教材，并设计符合高职学生能力水平的学习任务和工作页，配合教材使用，以提高学生职业能力，实现学训交替、岗课赛证融通。

5. 采用活页式设计，满足多元化教学和个性化学习需求

本教材采用活页式设计，便于各院校根据课程教学需要，灵活选取教材内容，因材施教，满足多元化教学和个性化学习需求，服务技术技能型人才培养。同时，活页式装订方式便于及时更新教材，实现对教材中新工艺、新技术、新规范等相关内容的快速更新。

编写分工

本书由陕西交通职业技术学院周庆华、李艳担任主编，周庆华统稿。模块一和模块三由李艳编写；模块二和模块四由周庆华编写；模块五由陕西交通职业技术学院焦莉编写；模块六由同望科技股份有限公司赖雄英编写；模块七由长沙计支宝信息科技有限公司吴志军编写。赖雄英和吴志军为本书编写提供配套教学视频和案例资料。本书配套工作页由周庆华主编。

本书在编写过程中参考了有关著作和教材，在此向相关作者表示感谢。由于编者水平有限，书中的疏漏或不足在所难免，恳请读者批评指正。

编　者

2024 年 4 月

数字资源索引

续上表

序号	章节标题	资源名称	资源类型	页码
3	学习任务 3 工程量清单编制专项训练	工程量清单表格	电子表格	23
4	学习任务 5 工程变更费用计算专项训练	工程变更费用计算表	电子表格	31
5	学习任务 6 工程索赔工期和费用计算专项训练	费用索赔和工期索赔申请表	电子表格	33
6	学习任务 7 工程费用结算专项训练	工程结算计算书	电子表格	36
7	学习任务 9 工程计量与支付管理平台操作专项训练	计量支付案例文件	文本	38

资源使用方法:

1.扫描封面上的二维码(注意此码只可激活一次);

2.关注"交通教育出版"微信公众号;

3.公众号弹出"购买成功"通知,点击"查看详情",进入后即可查看资源;

4.也可进入"交通教育出版"微信公众号,点击下方菜单"用户服务—图书增值",选择已绑定的教材进行观看和学习。

目·录
CONTENTS

模块一
CHAPTER ONE
公路工程造价基本知识

知识目标

(1)了解公路基本建设的定义和特点;

(2)掌握公路基本建设项目的组成;

(3)熟悉公路基本建设的程序;

(4)熟悉公路工程造价体系的构成。

能力目标

(1)能描述公路基本建设项目的流程;

(2)能区分不同阶段造价文件的差异;

(3)能总结公路工程造价体系的特征。

素质目标

(1)理解编制公路工程各阶段造价文件的目的和作用,体会建设过程精心设计、科学筹划、优化管理的重要意义,从而提升工作责任心和使命感;

(2)体会公路工程造价体系的规范性,提升职业认同感,培养科学、认真的工作态度。

单元一　公路基本建设概述

引导语

公路建设项目的参与者,需要准确认识公路基本建设项目。通过本单元的学习,了解公路基本建设的定义和特点,掌握公路基本建设项目组成和程序,为学习公路工程造价奠定基础。

相关知识

一、公路基本建设的定义与特点

(一) 公路基本建设的定义

公路基本建设是指有关公路固定资产的建筑、购置、安装活动及与其相关的工作。具体来讲,即把一定的建筑材料、半成品、设备等,通过购置、建造和安装等,转化为固定资产的活动,如一条公路、一座桥梁的建设。

公路基本建设是通过勘察、设计、施工以及有关的经济活动来实现的。公路基本建设按项目性质分为新建、改建、扩建和重建,其中新建和改建是最主要的形式;按经济内容分为生产性建设和非生产性建设;按项目建设总规模和总投资分为大型、中型和小型项目。

(二) 公路基本建设的特点

公路基本建设的特点可以从公路建筑产品和公路工程施工两个方面来描述。

1. 公路建筑产品的特点

(1) 固定性。

公路建筑产品一经建成,其地点固定不变,不能移动。施工人员、材料和设备等要随着各建筑物所在地点的变更或其施工部位的改变而移动。

(2) 多样性。

由于公路的使用目的、技术标准、技术等级、自然条件、结构形式、主体功能不同,因此,公路的各组成部分、形体构造千差万别,形成的公路建设产品复杂多样。

(3) 形体庞大性。

公路建筑产品是线形构造物,其组成部分形体庞大,占用土地和空间较多。

(4) 部分结构的易损性。

公路工程构造物承受行车荷载作用和自然因素等的影响,其直接受行车作用的部分以及暴露于大自然的部分容易损坏。

2. 公路工程施工的特点

(1) 流动性大。

公路工程建设项目点多线长,工程数量分布不均匀,由于建筑产品的固定性和严格的施工顺序,要组织各类工作人员和机械围绕这一固定产品,在同一工作面不同时间,或同一时间不同工作面进行施工活动。

(2) 协作性高。

公路工程类型多,施工环节多,工序复杂,每项工程都涉及建设、设计、施工等单位的密切配合,需要材料、动力、运输等各个部门的通力协作。因此,施工过程中的综合协调和调度、严密的计划和科学管理特别重要。

（3）周期长。

公路产品体积庞大，耗用的各种类型的资源多，施工工艺复杂、难度大，因此，施工时间较生产工业产品要长得多。这决定了公路建筑产品的生产不可能像工业产品的生产那样实现批量化，只能通过合理组织施工、安排进度，达到多快好省完成施工任务的目的。

（4）受气候和自然条件的影响和制约。

公路工程施工是露天作业，各部位施工工艺都受气候条件的极大制约。尤其是冬季和雨季，不仅会加大施工难度，而且会对公路质量造成很大的影响。

（5）造价高，投资大。

公路工程建设规模一般比较大，投资也大，其建设工程合同的金额基本上是几千万元、上亿元甚至几百亿元。

二、公路基本建设项目的组成

公路基本建设项目按工作内涵可依次分为基本建设项目、单项工程、单位工程、分部工程和分项工程，这些组成单位按照由大到小的次序，形成一个完整而规律的体系，如图 1-1 所示。

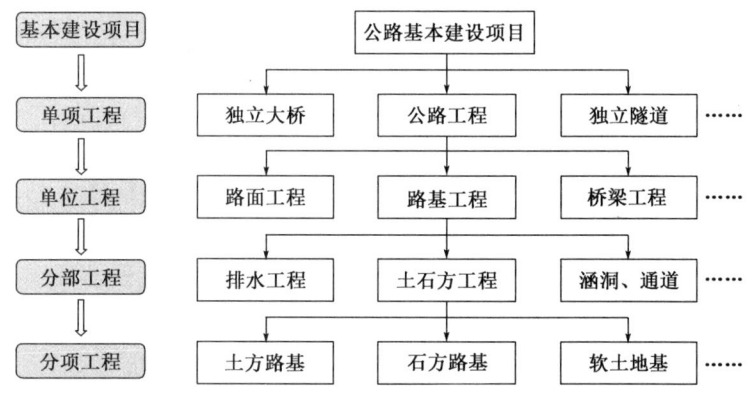

图 1-1　公路基本建设项目组成示意图

1. 基本建设项目

基本建设项目又称建设项目，是指按照一个总体设计或初步设计进行施工的基本建设工程。一个基本建设项目按一个项目编制项目建议书和可行性研究报告，实行统一核算、统一管理，建成后具有完整的系统，可以独立发挥生产能力或者满足生活需要。如一座工厂、一所学校、一条公路、一条铁路、一个港口的建设，都是一个基本建设项目。一个基本建设项目可以分期进行修建。

2. 单项工程

单项工程又称工程项目，它是基本建设项目的组成部分，是指具有独立的设计文件，可以独立组织施工，竣工后能独立发挥设计规定的生产能力或效益的工程。如一座工厂的生产车间、办公楼，一所学校的教学楼、图书馆。公路基本建设项目单项工程一般指一个基本建设项目中分期修建的路段、独立大桥、独立隧道等。

3. 单位工程

单位工程是单项工程的组成部分，一般是指不能独立发挥生产能力或效益，但具有独立施工条件的工程。如某生产车间的厂房修建、设备安装、给排水工程等，独立隧道工程中的土建工程、照明、通风工程等，一条公路的路基、路面、桥梁、隧道、绿化工程等。

4. 分部工程

分部工程是单位工程的组成部分，一般是按单位工程中的主要结构、部位等划分的。如路基工程按工程部位可划分为土石方工程、排水工程、涵洞通道工程、防护工程等；桥梁工程按工程部位和施工工艺可分为基础及下部构造、上部构造预制与安装，上部构造现场浇筑，桥面系、附属工程及桥梁总体等。

5. 分项工程

分项工程是分部工程的组成部分，它是建筑安装工程的一种基本构成要素，是为了组织施工以及确定建筑安装工程造价而设定的一种产品，是按照工程的不同结构、不同材料和不同施工方法等因素划分的。如分部工程中的路基土石方工程包含土方路基、石方路基、软土地基等分项工程。

关于公路基本建设项目单位工程、分部工程、分项工程的划分可参阅现行《公路工程质量检验评定标准　第一册　土建工程》(JTG F80/1)。

三、公路基本建设程序

公路基本建设程序是指建设项目从构想、选择、评估、决策、设计、施工到竣工验收、投入生产等整个建设过程中，各项工作必须遵循的先后次序。按照建设项目发展的内在联系和发展过程，建设程序可分为若干阶段，这些阶段有严格的先后次序，不能任意颠倒。

(一)编制项目建议书

根据国民经济发展的长远规划和公路网建设规划，提出项目建议书。项目建议书既是进行各项前期准备工作的依据，又是进行可行性研究的基础。它应对拟建项目的目的、要求、主要技术指标、原材料、投资估算及资金来源等作文字说明。

(二)可行性研究

公路基本建设项目可行性研究是在对拟建工程所在地区社会发展、经济发展和公路网状况进行充分调查研究、评价、预测和必要的勘察工作的基础上，对项目建设的必要性、经济合理性、技术可行性、实施可能性，作综合性研究论证报告。

可行性研究按工作深度分为预可行性研究和工程可行性研究两个阶段。预可行性研究应重点阐明建设项目的必要性，通过踏勘和调查研究，提出建设项目的规模、技术标准，进行简要的经济效益分析。工程可行性研究应通过必要的测量、地质勘探(大桥、隧道及不良地质地段等)，在认真调查研究、拥有必要资料的基础上，从经济、技术方面对不同建设方案进行综合论证，提出推荐建设方案。工程可行性研究报告经审批后作为初步设计的依据。

(三)设计阶段

公路工程基本建设项目一般采用两阶段设计,即初步设计和施工图设计。对于技术简单、方案明确的小型建设项目,可采用一阶段设计,即施工图设计;对于技术复杂、基础资料缺乏和不足的建设项目或建设项目中个别路段、特大桥、互通式立体交叉、长隧道等,必要时采用三阶段设计,即初步设计、技术设计和施工图设计。

1.初步设计

初步设计阶段应根据批复的可行性研究报告和测设合同的要求,拟定修建原则,选定设计方案、拟定施工方案,计算工程数量和主要材料数量,提出施工方案意见,编制设计概算,提供文字说明和图表资料。初步设计文件经审查批复后,是国家控制建设项目投资及编制施工图设计文件或技术设计文件的依据,并且是订购或准备主要材料、机具、设备,安排重大科研试验项目,筹划征用土地及控制建设项目投资等的依据。

2.技术设计

技术设计阶段应根据初步设计批复意见和测设合同的要求,对重大、复杂的技术问题通过科学试验、专题研究,加深勘探调查及分析比较,解决初步设计中未解决的问题,进一步落实各项技术方案,计算工程数量,提出修正的施工方案,修正设计概算。批准后的技术设计文件将作为编制施工图设计的依据。

3.施工图设计

一阶段施工图设计应根据可行性研究报告批复意见和测设合同的要求,拟定修建原则,确定设计方案和工程数量,编写施工组织计划,并提供必要的图表资料,编制施工图预算,以满足审批的要求和施工的需要。

两阶段(或三阶段)施工图设计阶段应根据初步设计(或技术设计)批复意见和测设合同要求,进一步对所审定的修建原则、设计方案、技术决定加以具体和深化,最终确定各项工程数量,编写施工组织计划,并提供必要的图表资料,编制施工图预算。

设计文件必须由具有相应资质的公路勘察设计单位编制,其编制和审批应按《公路工程基本建设项目设计文件编制办法》(交公路发〔2007〕358号)的规定执行。

(四)列入年度基本建设计划

建设项目的初步设计和概算经上报批准后,才能列入国家年度基本建设计划。建设单位根据颁布的国家年度基本建设计划,按照批准的可行性研究报告和设计文件,编制本单位的年度基本建设计划,报经批准后,再编制物资、劳动、财务计划。这些计划分别经主管部门审查批准后,作为国家安排生产、宏观调控物资和财政拨款或贷款的依据,并通过招标或其他方式落实施工和监理单位。

(五)施工准备

为了保证施工的顺利进行,在施工准备阶段,建设单位、勘测设计单位、施工单位、监理单位和建设银行均应在自己的职责范围内针对施工要求充分做好各项准备工作。如建设单位应根据计划要求的建设进度,组建专门的项目管理机构,办理登记及拆迁,做好施工沿线有关单位和部门的协调工作,抓紧落实配套工程项目,提供技术资料,做好材料、设备的供应。勘测设计单位应按照技术资料供应协议,按时提供各种图纸资料,做好施工图纸的会审及移交工作。施工单位应组织机具设备、人员进场,进行施工测量,修筑便道及生产、生活等临时设施,建立试验室,组织材料、物资采购,熟悉图纸的要求,编制实施性施工组织设计方案和施工预算,作开工报告等。

(六)施工组织

施工单位应遵照施工程序合理组织施工,施工过程严格按照设计要求和施工规范,确保工程质量和施工安全。应推广应用新材料、新工艺、新技术,努力缩短工期,降低工程造价,同时做好施工记录,建立技术档案。施工组织应确保工程进度、施工质量和项目成本三者的协调和统一。

(七)竣工验收、交付使用阶段

基本建设项目竣工验收是工程建设阶段的最后一道程序,也是项目转入生产和使用阶段,发挥投资效益的标志,是一项严肃和细致的工作,必须按照交通运输部发布的《公路工程造价管理暂行办法》(交通运输部令 2016 年第 67 号)和《公路工程建设项目造价文件管理导则》(JTG 3810—2017)的要求,认真负责地对全部基本建设工程进行总验收。竣工验收包括两部分内容:一是工程技术验收;二是工程资金决算。

全部基本建设工程经验收合格后,应立即移交给生产部门正式使用。在验收时,对遗留问题、存在问题要明确责任,确定处理措施和期限。

(八)建设项目后评价

建设项目后评价是指全部基本建设项目竣工验收合格,正式投产并达到设计生产能力后对项目进行的再评价,是项目管理的延伸。这次再评价与可行性研究报告阶段的前评价前后呼应,通过对项目的立项阶段、设计施工、竣工投产、生产运营等全过程进行再一次技术经济分析,检测项目实施所取得的实际效果与预期效果的偏差,总结投资项目管理经验,为今后的项目决策、投资计划和政策的制定提供依据。

单元二　公路工程造价体系

引导语

通过本单元的学习,掌握公路工程造价体系的构成,了解公路工程计价的依据和原则,掌握公路工程建设各阶段的造价形式,体会公路工程造价体系的特征,树立科学、严谨的职业素养和工作态度。

 **相关知识**

一、公路工程建设各阶段的造价形式

为了对公路基本建设项目进行全面而有效的经济管理,公路基本建设从项目建议书到工程竣工验收的各阶段都必须编制相应的工程造价文件。造价文件是项目建议、工程可行性研究、初步设计、施工图设计、招标、施工、交工、竣工等各阶段造价类文件的统称,包括投资估算、设计概算、施工图预算、工程量清单、工程量清单预算、合同工程量清单、计量与支付、工程变更费用、造价管理台账、工程结算、工程竣工决算等文件,这些造价文件的投资额要根据其主要内容要求,由不同的测算工作完成,它们构成了一个完整的公路基本建设投资额测算体系。公路工程造价体系与公路基本建设程序关系如图 1-2 所示。

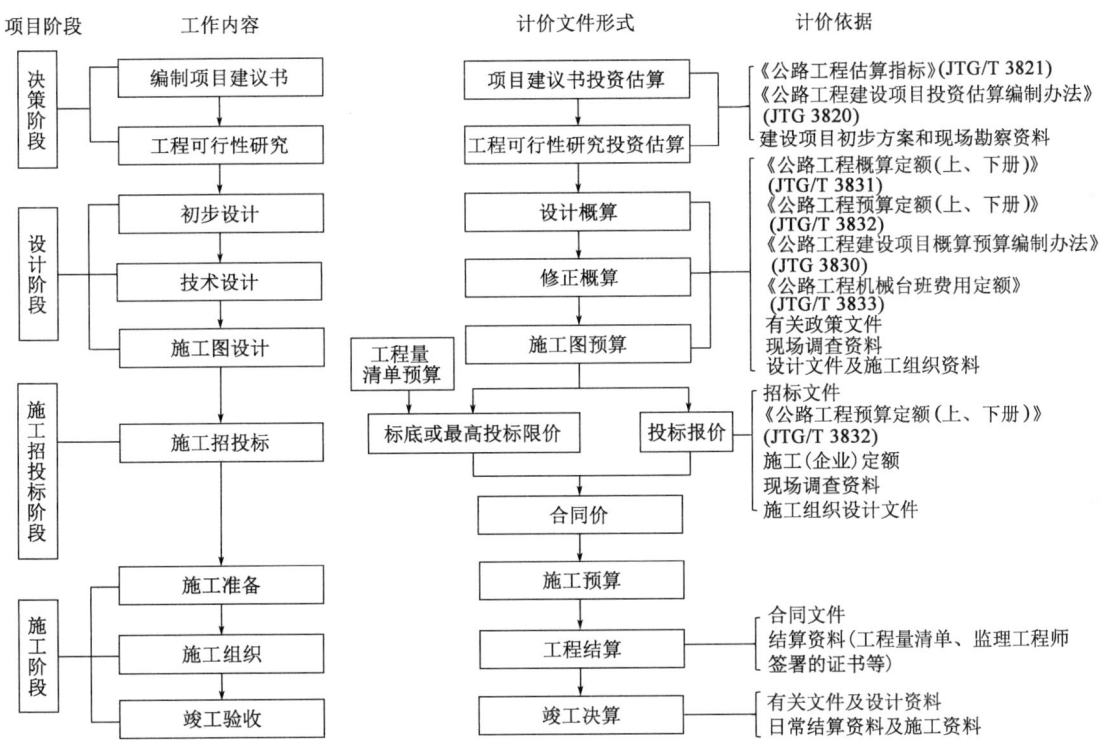

图 1-2　公路工程造价体系与公路基本建设程序关系

1. 投资估算

投资估算一般是指在投资前期(规划、方案研究、项目建议书、可行性研究阶段),建设单位向国家申请拟建项目或国家对拟建项目进行决策时,为测算建设项目投资总额而编制的造价文件。它分为项目建议书投资估算和工程可行性研究投资估算两类。公路工程投资估算的编制,应按现行《公路工程建设项目投资估算编制办法》(JTG 3820)和《公路工程估算指标》(JTG/T 3821)的规定执行,并应满足预可行性研究和工程可行性研究的深度要求。

2. 工程概算

工程概算分为设计概算和修正概算。

设计概算是指在初步设计阶段由设计单位根据设计资料、概算定额、各类费用定额、建设地区的自然条件和技术经济条件等资料，计算和确定建设项目从筹建至竣工验收的全部建设费用的造价文件。它是设计文件的重要组成部分，是国家确定和控制公路基本建设投资总额、安排基本建设计划、选择最优设计方案的依据。

修正概算是指当建设项目采用三阶段设计时，因技术设计而产生的一种修正计算。修正概算主要是根据更为具体的技术设计资料，对设计概算进行修正调整，它比设计概算更为精确，但是受到设计概算的控制。建设项目概算一经批准，随后的其他阶段不能随意突破其限额。

3. 施工图预算

施工图设计阶段应编制施工图预算。施工图预算是设计单位根据施工图设计的工程量和施工组织计划，按预算定额和各类费用定额编制的反映工程造价的具体文件。它是考核施工图设计经济合理性的依据。对于按施工图预算承包的工程，它是签订建筑安装工程合同，实行建设单位和施工单位投资包干和办理工程结算的依据；对于施工招标的工程，它是编制工程标底的依据，还是施工单位加强经营管理、做好经济核算的基础。

4. 工程量清单预算

在公路工程施工招投标活动中，对采用工程量清单计价的工程，参照编制施工图预算的造价依据和方法，按规定程序，对招标工程建设所需的全部费用及其构成进行测算所确定的造价预计值。工程量清单预算是招标人确定招标标底或最高投标限价的依据，是评判投标报价合理性的重要依据。工程量清单预算依据招标文件的约定，参照现行《公路工程建设项目概算预算编制办法》（JTG 3830）和配套定额，以及相应的补充造价依据进行编制。

5. 标底或最高投标限价

在建设项目招投标过程中，由招标单位按发包工程内容、设计文件、合同条件以及技术规范和有关定额等资料编制标底或最高投标限价。标底或最高投标限价是一项重要的投资额测算，是评标的一个基本依据，在招投标工作中起着关键作用。标底或最高投标限价编制不仅应遵守国家的有关规定和要求，还应力求准确。标底或最高投标限价一般以设计概算和施工图预算为基础编制，以其中的建筑安装工程费为主，且不能超过批准的设计概算或施工图预算。

6. 投标报价

投标报价是针对拟投标的合同段或工程项目，由投标单位根据招标文件及有关定额，项目所在地区施工条件及施工组织方案等编制，计算完成招标工程所需各项费用的经济文件。报价是投标文件最重要的组成部分，是投标工作的关键和核心，也是决定能否中标的主要依据。中标单位的报价，将直接成为工程承包合同价的主要基础，并对将来的施工过程起着严格的制约作用。

7. 施工预算

施工预算是指工程施工准备阶段,在施工图预算的控制下,施工单位根据施工图计算的分项工程量、施工定额、施工组织设计或分部工程施工过程设计以及其他有关技术资料,通过人工、材料、机械台班(简称工、料、机)分析,计算和确定完成一个工程项目、一个单位工程或其中的分部分项工程所需的工、料、机消耗量以及其他相应费用的经济文件。它是施工单位进行成本控制与成本核算的主要依据,是施工单位进行劳动组织和材料、机械管理的依据,对施工组织和施工生产有着极为重要的作用。

8. 工程结算

工程结算是指在公路工程实施过程中或工程完工后,发、承包双方依据国家有关法律、法规,按合同约定计算确定的最终工程价款。项目结算的主要内容包括货物结算、劳务供应结算、工程结算及其他货币资金的结算等。其中工程结算指建设单位同施工单位之间,由于拨付各种预付款和支付已完成工程点等费用而发生的结算,是项目结算中最重要和关键的部分。工程结算是施工企业根据合同价、施工过程中的设计变更资料、工程签证资料等编制的,它是工程承、发包双方办理竣工结算的重要依据。

9. 竣工决算

竣工决算是指公路工程经过审定的从筹建到竣工验收、交付使用全过程中实际支出的全部工程建设费用。工程竣工决算是整个公路工程的最终造价,是作为建设单位财务部门汇总固定资产的主要依据。编制竣工决算是公路建设投资管理的重要环节,竣工决算是公路工程验收、交付使用的重要依据,也是进行公路建设项目财务总结及银行对公路建设实行监督的必要手段。

以上工程建设项目各阶段的造价文件都是以价值形态贯穿于整个投资过程之中,从申请建设项目,确定和控制基本建设投资额,进行基本建设经济管理,施工单位进行经济核算,到最后以决算形成企(事)业单位的固定资产,构成了一个有机整体,缺一不可。一般要求决算不能超过预算,预算不能超过概算,概算则不能超出估算所允许的幅度范围。一般情况下,结算是决算的组成部分,不能突破合同价的允许范围,合同价不能偏离报价(指中标价)与标底太多,而报价不得低于工程成本。

二、公路工程造价体系特征

1. 单件性计价

由于公路建筑产品具有多样性,没有两个完全相同的建筑产品,因此公路建筑产品是按单件计价的。公路工程计价的单件性是从单位工程开始的,每一个单位工程可以作为一个独立的造价对象进行计价和审核。

2. 多次性计价

公路基本建设项目周期长、规模大、造价高,因此建设程序要分阶段进行,相应地,也要在不同阶段进行多次性计价,以保证工程造价确定与控制的科学性。多次性计价是一个逐步深化、逐步细化和逐步接近实际造价的过程。公路工程不同阶段造价文件的构成如图1-3所示。

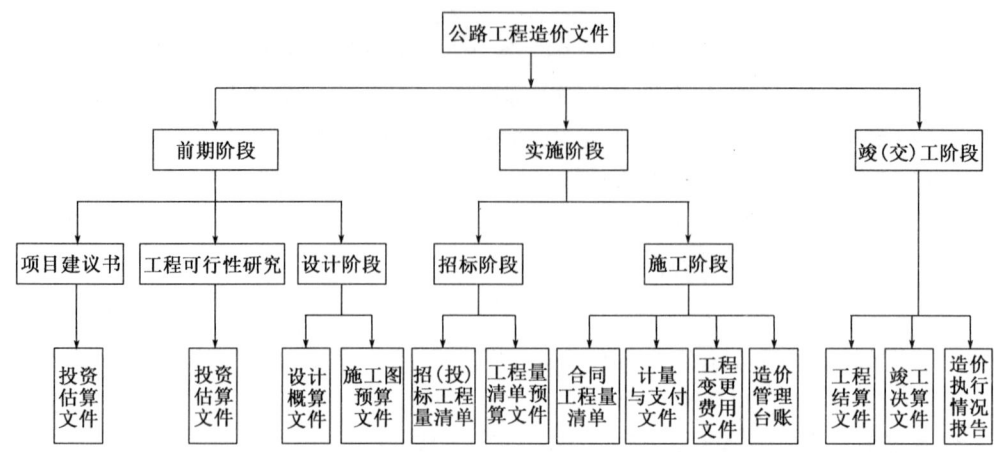

图 1-3 公路工程造价文件构成

3. 组合性计价

公路基本建设项目规模大、结构复杂的特点决定了建筑产品在计价时不能简单、直接地计算出整个建筑产品的价格。组合性计价是指将建筑产品进行分解细化,从建筑产品最细小的分项工程开始进行计价组合,逐步形成整个建筑产品的价格。其计算过程和计价组合是:分部分项工程造价—单位工程造价—单项工程造价—建设项目造价。

4. 计价方法多样性

建筑产品计价采用多次性计价,每一次计价所处的阶段不同,计价依据和造价精度要求也不同,这就决定了建筑产品的计价方法存在多样性。投资估算主要采用生产能力指数法、设备系数法;设计概算主要采用单价法和实物法;施工图预算主要采用定额法;标底和投标报价主要采用清单法。

5. 计价依据多样性和复杂性

公路工程计价的多次性、计价方法的多样性,以及众多影响造价的因素,都决定了公路工程计价依据的多样性和复杂性。

········ 《 模 块 考 核 》 ········

一、思考题

1. 公路基本建设包括哪些内容? 具有哪些特点?
2. 公路基本建设的含义是什么? 包括哪些内容?
3. 简述公路基本建设的程序。
4. 简述公路工程造价体系的特征。
5. 列表分析公路工程造价体系与公路基本建设程序之间的关系(要求:表格内容需包括

项目建设阶段、工作内容、工程造价种类、编制单位）。

二、填空题

1. 公路工程建筑产品的特点包括：_____、_____、_____、_____。

2. 公路项目两阶段设计是指_____和_____，需要编制_____和_____两种造价文件。

3. 在建设过程中，建设单位同其他各经济实体之间由于器材采购、劳务供应、施工单位已完成工程点的移交等经济活动而引起的货币收支行为被称为_____。

4. 工程概算分为_____和_____。

5. 建设项目各阶段的造价文件构成一个有机整体，一般要求决算不能超过_____，预算不能超过_____，概算则不能超出_____。

模块二
CHAPTER TWO
公路工程定额

知识目标

(1)熟悉公路工程定额的含义和特点;
(2)熟悉公路工程定额的分类;
(3)熟悉公路工程定额的组成;
(4)掌握公路工程定额的使用方法;
(5)掌握公路工程定额的抽换方法。

能力目标

(1)能区分不同类型的公路工程定额;
(2)能正确查找公路工程定额的编号,确定定额消耗;
(3)能结合工程实际情况对定额消耗进行调整和抽换。

素质目标

(1)感受工程定额体系的科学性、严谨性和规范性,加深对工程造价行业的认同感,提升自身严谨、求实的职业素养;

(2)通过学习定额对不同运距、厚度、配合比等参数的调整方法,充分认识定额使用过程中的严谨性、规范性,强化求真务实、一丝不苟的职业素养;

(3)通过实际案例,分析不同的施工工艺对定额选取结果及其对工程造价的影响,树立节能减排、科学先进的施工理念,培养节能环保等工程责任意识。

单元一　公路工程定额概述

 引导语

公路工程定额随公路建设行业技术的发展不断革新,本单元主要学习公路工程定额的含

义,了解公路工程定额的产生发展和特点,为正确运用公路工程定额打下理论基础。

工程定额概述
（视频）

相关知识

一、公路工程定额的含义

在建筑工程施工过程中,完成任何一件产品都需要消耗一定数量的人工、材料和机械台班,而这些资源的消耗是随着生产中各种因素的不同而变化的。定额就是在正常生产条件以及合理地组织施工、使用材料和机械的情况下,完成单位合格产品所必需的人工、材料、机械台班、设备及资金消耗的限额标准。同时,定额中还规定了相应的工作内容、要达到的质量标准,以及安全要求。定额属于计价依据的范畴,是计算人工、材料、机械台班消耗的主要依据。

二、我国公路工程定额的产生和发展

我国公路工程定额的出现可追溯到 1954 年 8 月,当时的中央人民政府交通部在当时公路总局的设计局内设立了预算定额科,由此拉开了公路工程定额编制工作及管理工作的序幕。1954 年,在国家技术标准、技术规范统一的前提下,开始编制《公路基本建设预算定额》,1955年正式在全国公布施行。1957—1976 年,概预算定额工作虽几经反复,但一直处于停滞状态。直到 1978 年,随着公路工程建设高潮的到来,定额工作才得以快速发展,并从此走向正规化管理的轨道。1984 年 11 月 15 日,在中华人民共和国计划委员会有关文件的指导下,经中华人民共和国交通部(现更名为交通运输部)批准组建了交通部公路工程定额站,此后公路工程定额编制及管理工作在全国各省(区、市)定额站全面展开。

近年来,随着我国公路建设市场经营体制的大力发展,为适应活跃的市场经济活动,交通部于 1992 年、1996 年和 2007 年先后颁布了《公路工程施工定额》《公路工程预算定额》《公路工程概算定额》《公路工程估算指标》《公路工程机械台班费用定额》《公路基本建设工程概算、预算编制办法》《公路基本建设工程投资估算编制办法》等文件。在随后多年的应用过程中,随着经济和施工技术的进一步发展,这些定额已不能很好地满足建设市场的需求,多数省份(区、市)结合本地具体情况,陆续编制适合本地区的公路工程补充定额,开启了定额向市场迈进的步伐。为了满足新时期公路建设市场经济的需求,交通运输部于 2018 年修订发布了《公路工程建设项目投资估算编制办法》(JTG 3820—2018)、《公路工程建设项目概算预算编制办法》(JTG 3830—2018),以及《公路工程估算指标》(JTG/T 3821—2018)、《公路工程概算定额(上、下册)》(JTG/T 3831—2018)、《公路工程预算定额(上、下册)》(JTG/T 3832—2018)、《公路工程机械台班费用定额》(JTG/T 3833—2018),并从 2019 年 5 月 1 日起实施。

三、公路工程定额的特性

我国公路工程定额具有科学性、系统性、统一性、法令性和相对稳定性的特点。

1.科学性

公路工程定额的科学性表现在定额中的各类参数是遵循客观规律的要求,运用科学的方

法确定的。定额项目的内容采用了经过实践证明是成熟的、行之有效的先进技术和操作方法,同时,在编制定额时吸取了现代科学管理的成就,形成了一套科学、严密的确定定额水平的手段和方法。因此,定额中各种消耗量的指标能正确反映当前社会生产力的水平。

2. 系统性

任何一种专业定额都是一个完整、独立的系统。公路工程定额与公路工程技术标准、规范配套,全面、准确地反映了公路工程施工工艺流程中的每一个环节。

公路工程定额是一个庞大的实体系统,其项目可以分解成众多道工序,其内部却层次分明,任何一个分部分项工程都能在公路定额中一一确定。如《公路工程概算定额》(JTG/T 3831—2018)中,一共用七章定额将所有公路工程的各项工作进行分解。在编制定额的过程中,每一项不同的工作都有不同的计算规则和计算模型,它们互相协调,组成一个完整的系统。

3. 统一性

定额的统一性主要是由国家对经济发展的有计划的宏观调控职能决定的。为了使国民经济按照既定的目标发展,需要借助某种标准、定额、参数等,对工程建设进行规划、组织、调节、控制。

公路工程定额由初期借助国家统一的技术标准、规范,到现在依据交通工程的统一标准、规范,在交通运输部定额站的统一领导下,按照定额的制定、颁布和贯彻执行制度,使定额管理工作有统一的程序、原则、要求和标准。

4. 法令性

公路工程定额的法令性表现在定额是由国家主管部门或其他授权机关统一制定的,一经颁布便具有法令性质,只要在执行范围内,任何单位都必须严格执行,不得任意变更定额的内容和水平。公路工程定额的法令性保证工程项目有一个统一的核算尺度,使国家能够对设计的经济效果和施工管理水平实行统一的考核和监督。

5. 相对稳定性

公路工程定额中的任何一种都是对一定时期内施工技术和管理水平的反映,因此在一定时期内都表现出稳定的状态。视具体情况不同,稳定状态维持的时间有长有短,公路工程定额的稳定期一般为 5~10 年。由于定额的编制和修改需要动员和组织大量的人力、物力,且需要很长的周期,因此,当生产力水平变化不大时,有必要保持定额的相对稳定。但当生产力水平变化幅度较大时,定额必须随之变化。从一段时期来看,定额是稳定的;从长期来看,定额是变动的。

随着新材料、新工艺和新技术的不断涌现,定额应该及时补充新内容。补充定额就是随着设计、施工技术的发展,在现行定额不能满足需要的情况下,为了补充缺项所编制的定额。例如,各省(区、市)交通运输厅可编制公路工程概算、预算补充定额,公路工程机械台班费用补充定额。补充定额只能在指定的范围内使用,并可作为以后修订定额的基础。

单元二 公路工程定额的分类

引导语

本单元分别按照编制程序和用途、生产要素、颁发部门和管理权限对公路工程定额进行分类,进而阐明不同工程定额之间的关系,突出定额体系的规范性和完整性。

相关知识

工程定额是工程建设中各类定额的总称。它包括许多种类,根据具体的生产条件、使用对象和组织生产的目的,编制不同的定额。

一、按编制程序和用途分类

按编制程序和用途不同,可以把公路工程定额分为施工定额、预算定额、概算定额和估算指标四种(图 2-1)。

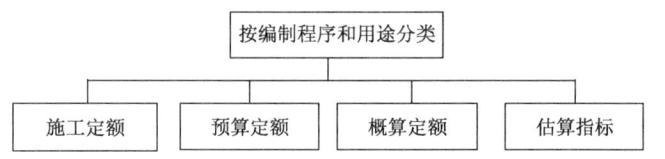

图 2-1　按定额的编制程序和用途分类

认识工程定额
体系 1(视频)

1. 施工定额

施工定额是施工企业(建筑安装企业)为了组织生产和加强管理,在企业内部使用的一种定额,属于企业生产定额。它由人工定额、材料定额和机械台班费用定额三个相对独立的部分组成。为了适应组织生产和管理的需要,施工定额的项目划分很细,是工程建设定额中分项最细、定额子目最多的一种定额,也是工程建设定额中的基础性定额。施工定额的人工、材料、机械台班消耗的数量标准,是计算预算定额中人工、材料、机械台班消耗数量标准的重要依据。

2. 预算定额

预算定额是在编制施工图预算时,计算工程造价和计算工程中人工、材料、机械台班消耗量的一种定额。预算定额是一种计价性定额,在工程委托承包的情况下,它是确定工程造价的主要依据。在招标和投标的过程中,它是计算标底和确定报价的主要依据。所以,预算定额在工程建设定额体系中占有很重要的地位。从编制程序看,施工定额是预算定额的编制基础,而预算定额则是概算定额或估算指标的编制基础。

3. 概算定额

概算定额是编制设计概算和修正概算时,计算和确定工程概算造价,计算人工、材料、机械台班消耗量所使用的一种定额。它的项目划分粗细程度应与初步设计的深度相适应。一般是在预算定额的基础上经综合扩大而编制的,是控制项目投资的重要依据,在工程建设投资管理中具有重要作用。

4.估算指标

估算指标是在项目建议书和可行性研究报告阶段编制投资估算、计算投资需要量时使用的一种定额。它非常概略,往往以独立的单项工程或完整的工程项目为计算对象。它的概略程度与可行性研究相适应。其主要作用是为项目决策和投资控制提供依据。估算指标虽然往往根据历史的预、决算资料和价格变动等资料编制,但其编制基础仍然离不开预算定额和概算定额。

上述各种定额与工程造价有着紧密关系,工程建设过程中的各阶段有不同的造价方式,所使用的定额也各不相同,它们之间的关系如图 2-2 所示。四种定额在编制对象、项目划分、定额水平、定额性质等方面也存在着一定的差异(表 2-1)。

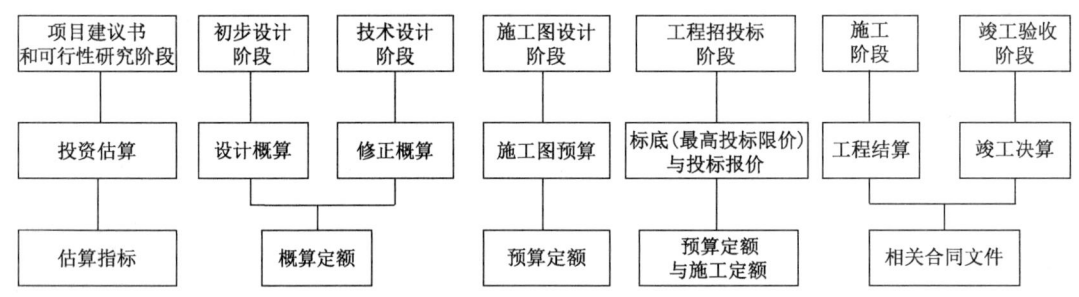

图 2-2　工程造价各阶段与定额的关系图

各种工程定额的比较　　　　　　　　　　　　　表 2-1

定额	施工定额	预算定额	概算定额	估算指标
编制对象	工序	分项工程或结构构件	扩大分项工程或扩大结构构件	独立的单项工程或完整的工程项目
项目划分	最细	细	粗	很粗
定额水平	平均先进	社会平均		
定额性质	企业定额	计价定额		

二、按生产要素分类

按生产要素分类有劳动定额、材料消耗定额和机械台班使用定额(图 2-3)。这是最基本的分类方法,它直接反映出生产某种单位合格产品必须具备的要素。

1.劳动定额

劳动定额又称劳动消耗定额、工时定额或人工定额,它是指在正常的生产技术和生产组织条件下,为完成单位合格产品或工作所规定的劳动消耗量标准。

劳动定额的表现形式有时间定额和产量定额两种。

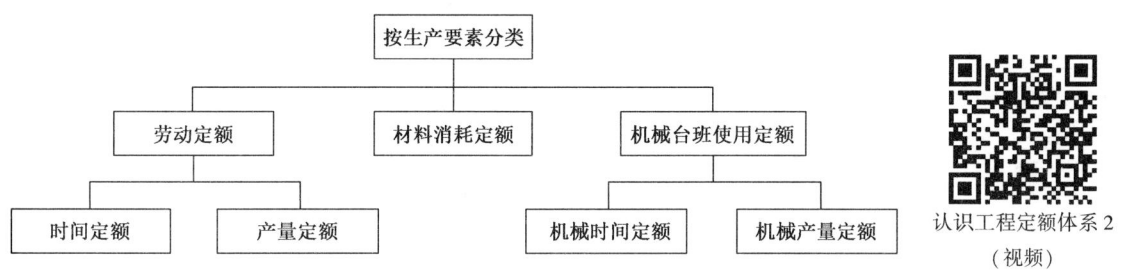

图 2-3　按定额的生产要素分类

（1）时间定额。

时间定额是指在技术条件正常、生产工具使用合理和劳动组织正确的条件下，工人为生产单位合格产品所必须消耗的工作时间。工人的工作时间包括定额时间和非定额时间两种，即工人的工作时间有些可以计入时间定额，有些不能计入时间定额。

时间定额以工日为单位，1 个工日相当于 1 个工人工作 8h 的劳动量，其中潜水工作按 6h、隧道工作按 7h 计算。时间定额按式(2-1)计算。

$$S = \frac{D}{Q} \tag{2-1}$$

式中：S——时间定额(劳动量单位/产品单位)；

D——耗用劳动量数量，一般单位为工日；

Q——完成合格产品数量(产品实物单位)。

（2）产量定额。

产量定额是指在技术条件正常、生产工具使用合理和劳动组织正确的条件下，工人在单位时间内完成合格产品的数量。产量定额与时间定额互为倒数关系，其计量单位以产品数量/工日计，如 m^3/工日、m^2/工日。产量定额按式(2-2)计算。

$$C = \frac{Q}{D} = \frac{1}{S} \tag{2-2}$$

式中：C——产量定额(产品单位/劳动量单位)；

其余符号意义同前。

例 2-1

已知人工挖运普通土(运距 20m)的时间定额为完成 $1000m^3$ 天然密实方，需要 181.1 工日，试确定人工每工日产量定额。

解：按照时间定额和产量定额互为倒数的关系，则每工日的产量定额为：$1000/181.1 = 5.52(m^3/工日)$。

2. 材料消耗定额

材料消耗定额又称材料定额，是指在节约和合理使用材料的条件下，生产单位合格产品所必须消耗的一定品种规格的材料、半成品、配件和水、电、燃料等的数量标准。其计算单位以材料的实物计量单位表示，如 m、kg、t、m^3 等。

材料消耗定额是由材料净消耗定额和材料损耗及废料定额两部分组成。材料净消耗是指直接用于构造物上的材料量；材料损耗及废料是施工中不可避免的废料和必要的工艺性损耗，如在浇筑混凝土构件或砌体浆砌时，所需混凝土混合料或砂浆混合料在搅拌运输过程中不可避免会产生的损耗。材料损耗及废料量与材料净消耗量之比称为材料损耗率，即

$$材料损耗率 = \frac{材料损耗及废料量}{材料净消耗量} \times 100\% \tag{2-3}$$

一般材料消耗定额的基本计算公式为：

$$材料消耗定额 = (1 + 材料损耗率) \times 完成单位产品的材料净消耗量 \tag{2-4}$$

工程中有些材料，如模板、支架、拱盔等非一次性使用材料，是周转使用的，这种材料统称为周转性材料。周转性材料在施工中合理周转使用的次数或用量称为材料周转定额。在预算定额中，周转性材料均按其正常周转次数计入定额之中。

3. 机械台班使用定额

机械台班使用定额简称机械定额，一般可分为按台班数量计算的机械设备定额和以货币形式表示的定额（如小型机具使用费等）。按台班数量计算的机械设备定额又称机械台班消耗定额，它是指在正常的施工条件下，合理组织和利用某种机械完成单位合格产品所必需的机械台班消耗标准，或在单位时间内机械完成的产品数量。因此，机械台班使用定额的表现形式有机械时间定额和机械产量定额两种。

（1）机械时间定额

机械时间定额是指在一定的操作内容及质量、安全要求的条件下，某种机械完成单位合格产品所必须消耗的工作时间。机械时间定额以"台班"为单位，一台机械工作一个班制为一台班，潜水设备每台班按 6h 计算，变压器和配电设备每昼夜按一个台班计算，除此之外，各类机械每台班均按 8h 计算。

（2）机械产量定额

机械产量定额是指在一定的操作内容及质量、安全要求的条件下，某种机械每单位作业量（如台班、台时等）所完成的合格产品的数量标准。机械时间定额和机械产量定额互为倒数。

例 2-2

已知 90kW 以内履带式推土机推运普通土（运距 20m）的机械时间定额为完成 1000m³ 天然密实方，需要 2.39 台班，试计算其产量定额。

解：按照时间定额和产量定额互为倒数的关系，则该机械产量定额为：$1000/2.39 = 418.4$（m³/台班）。

三、按颁发部门和管理权限分类

按照颁发部门和管理权限划分，公路工程定额可以分为全国统一定额、行业统一定额、地区统一定额、企业定额和补充定额五种。

1. 全国统一定额

全国统一定额是指由国家建设行政主管部门综合全国工程建设中技术和施工组织管理的情况编制，并在全国范围内执行的定额，如全国统一安装工程定额。

2.行业统一定额

行业统一定额是指考虑各行业部门专业工程技术特点,以及施工生产和管理水平编制的,一般只在本行业和相同专业性质的范围内使用的专业定额,如公路工程定额、水运工程定额等。

3.地区统一定额

地区统一定额主要是指考虑地区性特点和全国统一定额水平,做适当调整补充编制的定额。各地区不同的气候条件、经济技术条件、物质资源条件和交通运输条件等,对定额项目、内容和水平产生影响,这是地区统一定额存在的客观依据。

4.企业定额

企业定额是指由施工企业考虑本企业具体情况,参照国家、行业或地区定额的水平制定的定额。企业定额只在企业内部使用,是企业综合素质的标志之一。企业定额水平一般应高于国家现行定额,才能满足生产技术发展、企业管理和市场竞争的需要。

5.补充定额

补充定额是指随着设计、施工技术的发展,在现行定额不能满足需要的情况下,为了补充缺项所编制的定额。补充定额只能在指定的范围内使用,可作为以后修订定额的基础。

单元三 公路工程定额的运用

引导语

公路工程预算定额是工程造价文件编制过程中使用很广泛的一种定额。本单元要求学生熟悉公路工程预算定额的组成内容,掌握公路工程预算定额套用过程中常用的运距、厚度等施工条件的调整方法与技巧和抽换方法,能够运用预算定额完成教材配套的任务手册中"学习任务1:公路工程定额运用专项训练"。

相关知识

一、公路工程定额的组成

由于各类工程定额的内容十分类似,故本书以《公路工程预算定额(上、下册)》(JTG/T 3832—2018)(简称《预算定额》)为例,详细介绍定额中的主要内容。《预算定额》包括路基工程、路面工程、隧道工程、桥涵工程、交通工程及沿线设施、绿化及环境保护工程、临时工程、材料采集及加工、材料运输共九章及附录。《预算定额》由发布定额的公告、总说明、目录、各章节说明、定额表及附录等组成。

1.发布定额的公告

发布定额的公告是指刊印在定额前部的政府主管部门(交通运输部)关于发布定额及施行日期,阐明定额性质、适用范围及负责解释部门等的法令性文件。

公路工程定额的
组成(视频)

2. 总说明

总说明是各章说明的总纲,具有统管全局的作用。使用定额时应仔细阅读总说明,认真理解,切实掌握,并适当记忆,否则稍有疏忽,将产生错误,从而影响分析计算成果。

3. 目录

目录位于总说明之后,简明扼要地反映定额的全部内容及相应的页码,对查用定额起索引作用。由于现行《预算定额》分上、下两册,故在总目录后,还增加了上、下册目录。

4. 章、节说明

根据工程项目特点和性质,各章又分为若干节。除附录外,各章、节前均附有说明。章、节说明主要介绍本章、节工程项目的共性问题、工程量的计算方法和规则、计算单位、尺寸的起讫范围、应增加或扣除的部分,以及计算使用的系数和附表等。它是工程量计算及应用定额的基础,必须全面、准确地掌握,以防止发生错误。

5. 定额表

定额表是各种定额最基本的组成部分,是定额指标数量的具体表示。预算定额表内容及形式如图2-4所示。

4-7-4　预制圆管涵

工程内容　1)搭、拆临时脚手架、跳板;2)模板制作、安、拆、修理、涂脱模剂、堆放;3)钢筋除锈、下料、弯曲、电焊、绑扎;4)混凝土浇筑、捣固及养护。

单位:表列单位

顺序号	项目	单位	代号	混凝土		预制圆管涵	
				预制圆管管径(m)		钢筋	冷拔低碳钢丝
				1.0以内	2.0以内		
				10m³实体		1t	
				1	2	3	4
1	人工	工日	1001001	43.7	32.8	6	6.4
2	普C30-32.5-2	m³	1503009	(10.10)	(10.10)	—	—
3	HPB300钢筋	t	2001001	—	—	1.025	0.336
4	冷拔低碳钢丝	t	2001012	—	—	—	0.699
5	20~22号铁丝	kg	2001022	—	—	4.62	4.45
6	钢模板	t	2003025	0.118	0.074	—	—
7	电焊条	kg	2009011	—	—	—	0.95
8	水	m³	3005004	16	16	—	—
9	中(粗)砂	m³	5503005	4.65	4.65	—	—
10	碎石(2cm)	m³	5505012	7.98	7.98	—	—
11	32.5级水泥	t	5509001	4.101	4.101	—	—
12	其他材料费	元	7801001	21.2	16	—	—
13	5t以内汽车式起重机	台班	8009025	0.61	0.46	—	—
14	32kV·A以内交流电弧焊机	台班	8015028	—	—	—	0.16
15	小型机具使用费	元	8099001	4.8	4.9	4.7	4.5
16	基价	元	9999001	8111	6615	4081	5165

图2-4　预算定额表内容及形式

（1）表号及定额表的名称。

定额是由大量的定额表组成的，每张定额表都有表号和表名。图2-4上方的"4-7-4"为表号，表示第4章第7节第4表，"预制圆管涵"是定额表的名称。

（2）工程内容。

工程内容位于定额表表号和名称的下方，主要说明该定额表包括的主要工程内容。查定额时，必须将实际发生的操作内容与表中的工程内容相对照，若不一致，则应按照章（节）说明中的规定进行调整或抽换。

（3）定额单位。

定额单位位于定额表的右上方，如图2-4中的"$10m^3$实体及$1t$"。定额单位是合格产品的计量单位，实际的工程数量应是定额单位的倍数。当定额表有两个或两个以上定额单位时，其定额值不能叠加，而应按不同的定额单位分开单列。

（4）顺序号。

顺序号是定额表中的第1项内容，如图2-4中的"1,2,3,…,16"。顺序号表征人工、材料、机械台班及费用的顺序，起简化说明的作用。

（5）项目及项目单位。

项目是定额表中的第2项内容，如图2-4中的"人工、普C30-32.5-2"等。项目是该定额表中工程所需的人工、材料、机具、费用的名称和规格。项目单位是指各项目内容对应的单位。

（6）代号。

代号是采用计算机编制概预算时，作为对工、料、机名称识别的符号，不可随便变动。代号共7位，第1、2位按照工、料、机的类型进行编制，例如配合比材料、路面混合料及制（成）品等材料代号前两位均为15，第3、4位采用奇数编制，后3位采用顺序编制。当编制补充定额时，遇到新增材料或机械名称，编码采用同样方法编制，第1、2位取相近品种材料或机械代号，但第3、4位采用偶数编制。

（7）工程细目。

工程细目表征该定额表包括的具体内容，如图2-4中的"1.0以内"等。但要注意，定额表中注明"某某数以内"或"某某数以下"者，均包括某某数本身；而注明"某某数以外"或"某某数以上"者，则不包括某某数本身。

（8）栏号。

栏号是指工程细目的编号，如"1.0以内"的定额栏号为"1"，"钢筋"的定额栏号为"3"。

（9）定额值。

定额值是表中各种资源消耗的数量值。

（10）基价。

基价是指该工程细目以规定的工、料、机基价计算的工程价格，它是人工费、材料费、机械使用费的合计价值，是计算其他费用的基数。基价中的人工费、材料费按《预算定额》附录四计算，机械使用费按《公路工程机械台班费用定额》（JTG/T 3833—2018）计算。项目所在地海拔超过3000m时，人工、材料、机械台班基价乘以系数1.3。

（11）小注。

有些定额表在其下方列有注解。"注"是对定额表中内容的补充说明，使用时必须仔细阅读，以免发生错误。

6. 附录

附录包括路面材料计算基础数据表，基本定额，材料的周转及摊销，以及定额人工、材料、设备单价表四部分内容。

(1)路面材料计算基础数据表。

路面材料计算基础数据表主要列出了路面工程概、预算定额中各种材料定额消耗量计算所依据的各项基础数据，如路面压实混合料干密度、各种路面材料松方干密度、单一材料结构的压实系数。

(2)基本定额。

基本定额是介于施工定额和预算定额之间的一种扩大施工定额，其项目是按完成某一专项作业将施工定额的有关工序加以综合制定的，根据材料的周转和摊销次数、材料场内运输及操作损耗以及人工、机械的幅度差，综合为若干包括人工、材料、机械台班的基本定额。编制基本定额的目的是避免在编制预算定额时重复计算这些工序，并可统一计算方法和口径，简化计算工作。

基本定额由砂浆及混凝土材料消耗，脚手架、踏步、井字架工料消耗，基本定额材料规格与质量三部分组成。

(3)材料的周转及摊销。

材料的周转及摊销定额，对材料的周转和摊销次数作了具体规定。

(4)定额人工、材料、设备单价表。

表中给出了定额中人工和材料的代号、定额中材料名称、相应规格以及编制定额时采用的材料损耗率和工、料单价。

二、公路工程定额的使用方法

(一)引用定额的编号方法

定额编号在概预算文件中十分重要。一方面是保证复核、审查人员能够利用编号快速查找，核对所用定额的准确性；另一方面，将繁杂的工程细目的工作内容以编号形式建立一一对应的模式，便于计算机处理及修编定额人员的统计工作。

一般采用[表号-栏号]的编号方法建立定额编号。如预算定额中的[1-1-4-2]，是指引用表 1-1-4 中第 2 栏，即人工挖土质台阶(土质为普通土)的定额。

(二)使用步骤

1. 确定定额编号

(1)将公路工程施工任务分解至分项工程，根据概预算项目表依次按项、目、节和细目确定待查定额的项目名称，据此在定额目录中找到其所在页，从而确定定额编号。

(2)检查定额表的"工程内容"部分与设计要求、施工组织要求是否相符，如相符，则可在表中找到相应的细目，并进一步确定定额子目(栏号)。一定要认真检查所确定的定额表号是否有误,如"浆砌块石护拱"与"浆砌块石护坡"虽然都是砌筑工程,但前者为"桥涵工程",预算定额编号为[4-5-3-2],后者为"路基工程",预算定额编号为[1-4-11-2]。

(3)检查定额表的计量单位与工程项目取定的计量单位是否一致,是否符合章、节说明规定的工程量计算规则。

2. 阅读说明和注解,确定定额值

(1)查得定额编号后,详细阅读总说明及章、节说明,并核对定额表的"工程内容"及"注"是否与所查子目的定额有关,若有关,则采取相应措施。

(2)根据设计图纸和施工组织设计进行检查,当设计内容或实际工作内容与定额表规定的内容不完全相符时,应根据"说明"及"注"的规定调整定额值,即定额抽换。

(3)依子目各序号确定各项定额值,若不需要调整,则直接抄录,此时查用定额的工作结束;若需要调整,则应进行下一步工作。

三、《预算定额》的运用

(一)基本运用

如果设计的要求、工作内容及确定的工程项目完全与相应定额的工程项目符合,则可直接套用定额。但是如果出现材料运距、路面结构层厚度、现场施工条件等基本参数与定额不符,则应依照定额内容直接进行简单的调整,以下为几种常见的定额运用练习。

1. 关于材料运距的调整

例 2-3

试确定下列工程项目预算定额编号。

(1)15t 自卸汽车运路基土方 5km;

(2)15t 自卸汽车运路基石方 5.2km;

(3)15t 自卸汽车运沥青混合料 5.4km。

解:以上各题虽然都是汽车运输,但运输对象和运距不同,故各自的定额编号也不同。

(1)汽车运输已明确是运路基土方,因此,该工程属于"路基工程"的一项。根据《预算定额》总说明第十七条,定额表中注明"某某数以内"或"某某数以下"者,均包括某某数本身,因此 15t 以内自卸汽车包括 15t 自卸汽车,根据《预算定额》1-1-11 表第 9 栏和第 10 栏,5km 运距的定额应按照第 9 栏与第 10 栏的 8 倍之和来计算,为方便计算消耗量,将其定额编号记为[1-1-11-9 + 8 ×10],表名为"自卸汽车运土、石方"。

(2)汽车运输机械采用自卸汽车,该工程也属于定额表"自卸汽车运土、石方"的内容,但是运输对象为路基石方,因此本题定额编号与(1)中的不同,又根据《预算定额》第一章第一节说明第 5 条,自卸汽车运输路基土、石方定额项目和洒水汽车洒水定额项目,当运距超过第一个定额运距单位时,其运距尾数不足一个增运定额单位的半数时不计,等于或超过半数时按一个增运定额运距单位计算。为方便计算消耗量,将其定额编号记为[1-1-11-23 + 8 ×24]。

(3)汽车运沥青混合料,属于"路面工程"中的一项。根据《预算定额》第二章说明第 7 条,自卸汽车运输稳定土混合料、沥青混合料和水泥混凝土定额项目，当运距超过第一个定额运距单位时，其运距尾数不足一个增运定额单位的半数时不计，等于或超过半数时按一个增运定额运距单位计算。为方便计算消耗量，将其定额编号记为[2-2-13-7 +9 ×8]，表名为"沥青混合料运输"。

2. 关于路面结构层厚度的调整

例2-4

试确定20cm厚级配碎石面层的预算定额。已知该面层施工采用平地机分两层拌和，机械摊铺集料。

解：依题意，该项目的定额表为"2-2-2 级配碎石路面"（图2-5），根据定额第13栏和第16栏，20cm厚度的定额应按照第13栏与第16栏的12倍之和来计算，故该工程定额编号为[2-2-2-13 +12 ×16]。另外，按照《预算定额》第二章第二节说明第1条，泥结碎石、级配碎石、级配砾石、天然砂砾、粒料改善土壤路面面层的压实厚度，当超过15cm且需进行分层拌和、碾压时，拖拉机、平地机和压路机的台班消耗量按定额数量加倍计算，每1000m^{2}增加1.5个工日。

2-2-2 级配碎石路面

工程内容 1)清扫整理下承层；2)铺料、洒水、拌和；3)整形，碾压，找补。

单位：1000m^2

顺序号	项目	单位	代号	机械摊铺集料											
				拖拉机带铧犁拌和						平地机拌和					
				压实厚度8cm			每增加1cm			压实厚度8cm			每增加1cm		
				面层	基层	底基层	面层	基层	底基层	面层	基层	底基层	面层	基层	底基层
				7	8	9	10	11	12	13	14	15	16	17	18
1	人工	工日	1001001	1.9	1.8	1.7	0.2	0.1	0.1	1.9	1.8	1.7	0.2	0.1	0.1
2	黏土	m^3	5501003	14.66	—	—	1.83	—	—	14.66	—	—	1.83	—	—
3	碎石	m^3	5505016	122.63	122.66	122.84	15.34	15.34	15.35	122.63	122.66	122.84	15.34	15.34	15.35
4	设备摊销费	元	7901001	2.1	2.1	2.1	0.1	0.1	0.1	—	—	—	—	—	—
5	120kW以内自行式平地机	台班	8001058	0.3	0.23	0.23	—	—	—	0.57	0.5	0.5	—	—	—
6	75kW以内履带式拖拉机	台班	8001066	0.22	0.22	0.22	—	—	—	—	—	—	—	—	—
7	12～15t光轮压路机	台班	8001081	0.12	0.12	0.12	—	—	—	0.12	0.12	0.12	—	—	—
8	18～21t光轮压路机	台班	8001083	0.91	0.8	0.68	—	—	—	0.91	0.8	0.68	—	—	—
9	10000L以内洒水汽车	台班	8007043	0.08	0.08	0.08	0.01	0.01	0.01	0.08	0.08	0.08	0.01	0.01	0.01
10	基价	元	9999001	11005	10660	10572	1215	1183	1184	11181	10836	10749	1215	1183	1184

图2-5 级配碎石路面定额表

因此 20cm 厚级配碎石面层的定额为

人工:$1.9 + 0.2 \times 12 + 1.5 = 5.8($ 工日 $/1000\text{m}^2)$;

黏土:$14.66 + 1.83 \times 12 = 36.62(\text{m}^3/1000\text{m}^2)$;

碎石:$122.63 + 15.34 \times 12 = 306.71(\text{m}^3/1000\text{m}^2)$;

120kW 以内自行式平地机:$0.57 \times 2 = 1.14($ 台班 $/1000\text{m}^2)$;

$12 \sim 15\text{t}$ 光轮压路机:$0.12 \times 2 = 0.24($ 台班 $/1000\text{m}^2)$;

$18 \sim 21\text{t}$ 光轮压路机:$0.91 \times 2 = 1.82($ 台班 $/1000\text{m}^2)$;

10000L 以内洒水汽车:$0.08 + 0.01 \times 12 = 0.20($ 台班 $/1000\text{m}^2)$。

3. 关于现场施工条件的调整

例 2-5

用 165kW 以内推土机推土(硬土),运距 50m,上坡坡度 15%,试确定其预算定额。

解:查得定额表号为 1-1-12(图 2-6),由于推土机推土为上坡运输,需要按照表格注解进行新的运距计算转换,新的运距 $= 50 \times 1.5 = 75(\text{m})$,所以,按照运距调整的方法,每 1000m^3 天然密实方需:

人工:$2.9($ 工日 $)$;

推土机:$1.08 + 0.32 \times \dfrac{50 \times 1.5 - 20}{10} = 2.84($ 台班 $)$;

基价:$2355 + 606 \times \dfrac{50 \times 1.5 - 20}{10} = 5688($ 元 $)$。

1-1-12 推土机推土、石方

单位:1000m³天然密实方

顺序号	项目	单位	代号	土方											
				推土机功率(kW)											
				135以内				165以内				240以内			
				第一个20m			每增运10m	第一个20m			每增运10m	第一个20m			每增运10m
				松土	普通土	硬土		松土	普通土	硬土		松土	普通土	硬土	
				13	14	15	16	17	18	19	20	21	22	23	24
1	人工	工日	1001001	2.4	2.6	2.9	—	2.4	2.6	2.9	—	2.4	2.6	2.9	—
2	135kW以内履带式推土机	台班	8001006	1.09	1.21	1.34	0.4	—	—	—	—	—	—	—	—
3	165kW以内履带式推土机	台班	8001007	—	—	—	—	0.88	0.97	1.08	0.32	—	—	—	—
4	240kW以内履带式推土机	台班	8001008	—	—	—	—	—	—	—	—	0.62	0.67	0.76	0.23
5	基价	元	9999001	2000	2213	2453	640	1923	2114	2355	606	1715	1854	2098	542

注:当上坡推运的坡度大于10%时,按坡面的斜距乘以表列系数作为运距:

坡度与系数的对应关系

坡度 i(%)	10<i≤20	20<i≤25	25<i≤30
系数	1.5	2.0	2.5

图 2-6 推土机推土、石方定额表

例 2-6

编织袋围堰,围堰高 2m,采用人工挑抬装土,运距为 70m,试确定预算定额。

解:查得编织袋围堰高 2m 的定额编号为[4-2-2-5](图 2-7),定额单位为"10m 围堰"。按照《预算定额》第四章第二节说明第 2 条,草土、编织袋、竹笼、木笼铁丝围堰定额中已包括 50m 以内人工挖运土方的工日数量,定额括号内所列"土"的数量不计价,仅限于取土运距超过 50m 时,按人工挖运土方的增运定额,增加运输用工。由于本题中运距超过 50m,需考虑人工挖运土方的增运定额[1-1-6-4],定额单位为"1000m³ 天然密实方",故当运距为 70m 时,每 10m 围堰需:

人工:$21.4 + \dfrac{57.2}{1000} \times 5.9 \times \dfrac{70-50}{10} = 22.1$(工日);

草袋:950(个);

基价:$3652 + \dfrac{57.2}{1000} \times 627 \times \dfrac{70-50}{10} = 3724$(元)。

4-2-2　编织袋围堰

工程内容　1)人工挖运土;2)装袋、缝口、运输、堆筑;3)中间填土夯实;4)拆除清理。

单位:10m围堰

顺序号	项目	单位	代号	围堰高度(m)								
				1.0	1.2	1.5	1.8	2.0	2.2	2.5	2.7	3.0
				1	2	3	4	5	6	7	8	9
1	人工	工日	1001001	5.9	7.8	11.8	16.5	21.4	26	34.7	41.8	54
2	塑料编织袋	个	5001052	260	358	543	741	950	1139	1498	1781	2255
3	土	m³	5501002	(17.16)	(22.71)	(33.54)	(45.30)	(57.20)	(68.41)	(88.40)	(104.39)	(130.26)
4	基价	元	9999001	1004	1348	2041	2828	3652	4415	5860	7025	9009

注:围堰高度与定额不同时,可内插计算。

图 2-7　编织袋围堰定额表

(二)定额的抽换

当设计所规定内容与定额的工作内容、材料规格不相符时,应查用相应的定额或基本定额予以替换。在抽换前应仔细阅读定额总说明、章节说明及表的注解。以下是允许对定额中某些项目进行抽换的几种情况。

(1)砂浆、混凝土设计强度等级与定额不符;

(2)水泥、石灰稳定土基层设计配合比与定额配合比不符;

(3)周转及摊销材料实际周转次数达不到定额规定次数;

(4)片石混凝土定额的片石掺量调整;

(5)钢筋混凝土锚碇体积比换算;

(6)定额钢筋品种比例调整;

(7)每 10t 预应力钢筋、钢筋束的根数、束数的计算。

1.水泥混凝土或水泥砂浆的抽换

基本定额是指在合理的条件下,为生产单位数量半成品、中间产品所规定的各种资源(工、料、机、费用等)的消耗量标准。其分类与组成如图 2-8 所示。

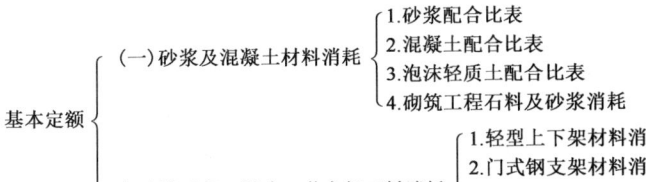

图 2-8　基本定额分类与组成

基本定额的主要作用如下。

（1）定额抽换的依据。

（2）分析分项工程或半成品所需人工、材料、机械等的消耗量。当设计中出现定额表中查不到的个别分项工程时，可根据定额分析计算该工程所需的工、料、机的数量。

例 2-7

试确定用 C30 普通混凝土耳背墙的预算定额。

解：（1）依题意，该工程定额编号为［4-6-4-7］（图 2-9）。

4-6-4　盖梁、系梁、耳背墙及墩顶固结

工程内容　1)定型钢模板安装、拆除、修理、涂脱模剂、堆放；2)钢筋除锈、制作、电焊、绑扎及骨架吊装入模；3)混凝土浇筑、捣固、养护。

Ⅰ.混凝土　　　　　　　　　　　　　　单位：10m³实体

顺序号	项目	单位	代号	盖梁 非泵送	盖梁 泵送	系梁 非泵送 地面以下	系梁 非泵送 地面以上	系梁 泵送 地面以下	系梁 泵送 地面以上	耳背墙	墩梁固结现浇段
				1	2	3	4	5	6	7	8
1	人工	工日	1001001	12.3	11.0	6.1	12.1	4.3	10.4	17.7	16.4
2	普C25-32.5-4	m³	1503033	—	—	—	—	—	—	(10.20)	—
3	普C30-32.5-4	m³	1503034	(10.20)	—	(10.20)	(10.20)	—	—	—	(10.20)
4	泵C30-32.5-4	m³	1503084	—	(10.40)	—	—	(10.40)	(10.40)	—	—
5	HPB300 钢筋	t	2001001	0.0	0.0	0.0		0.0			
6	型钢	t	2003004	0.1	0.1		0.084		0.084		
7	钢管	t	2003008	0.0	0.0						
8	钢模板	t	2003025	0.2	0.2	0.07	0.196	0.07	0.196	0.086	0.154
9	螺栓	kg	2009013	0.1	0.1	0.56	0.12	0.56	0.12	9.52	15.97
10	铁件	kg	2009028	30.9	30.9	1.88	0.34	1.88	0.34	5.62	9.42
11	水	m³	3005004	12	18	12	12	18	18	12	12
12	中(粗)砂	m³	5503005	4.69	5.82	4.69	4.69	5.82	5.82	4.9	4.69
13	碎石(4cm)	m³	5505013	8.47	7.59	8.47	8.47	7.59	7.59	8.47	8.47
14	32.5级水泥	t	5509001	3.8	4.4	3.845	3.845	4.368	4.368	3.417	3.845
15	其他材料费	元	7801001	109.8	109.8	11.5	12.5	11.5	12.5	84.8	207.4
16	60m³/h 以内混凝土输送泵	台班	8005051	—	0.1	—	—	0.12	0.14	—	—
17	25t以内汽车式起重机	台班	8009030	0.7	0.3	0.31	0.64	0.08	0.31	1.1	1.26
18	小型机具使用费	元	8099001	11.4	9.4	10.8	11	9	9.2	15.7	14.2
19	基价	元	9999001	6033	5822	3838	5887	3684	5633	6276	7020

图 2-9　盖梁、系梁、耳背墙及墩顶固结定额表

由定额表内容可知：

每 10m³ 实体需普 C25-32.5-4 混凝土 10.2m³，人工 17.7 工日，钢模板 0.086t，螺栓 9.52kg，铁件 5.62kg，水 12m³，中（粗）砂 4.9m³，碎石（4cm）8.47m³，32.5 级水泥 3.417t，其他材料费 84.8 元，25t 以内汽车式起重机 1.1 台班，小型机具使用费 15.7 元，基价 6276 元。

由于定额所列混凝土强度等级与设计强度等级 C30 不符，故混凝土材料定额值应予以调整抽换。

（2）《预算定额》附录二中混凝土配合比表见图 2-10。

单位：1m³混凝土

序号	项目	单位	普通混凝土													
			碎(砾)石最大粒径(mm)													
			20		40											
			混凝土强度等级													
			C55	C60	C10	C15	C20	C25	C30	C35		C40		C45	
			水泥强度等级													
			52.5	52.5	32.5	32.5	32.5	32.5	32.5	42.5	32.5	42.5	32.5	52.5	42.5	52.5
			16	17	18	19	20	21	22	23	24	25	26	27	28	29	30
1	水泥	kg	516	539	225	267	298	335	377	355	418	372	461	415	359	440	399
2	中(粗)砂	m³	0.42	0.41	0.51	0.5	0.49	0.48	0.46	0.46	0.45	0.46	0.43	0.44	0.46	0.44	0.44
3	碎(砾)石	m³	0.74	0.71	0.87	0.85	0.84	0.83	0.83	0.84	0.82	0.83	0.81	0.83	0.84	0.81	0.84
4	片石	m³	—	—	—	—	—	—	—	—	—	—	—	—	—	—	—

图 2-10　混凝土配合比表

每 1m³ 碎石最大粒径为 4cm 的 C30 普通混凝土需要 32.5 级水泥 377kg，中（粗）砂 0.46m³，碎（砾）石 0.83m³。

因此每 10m³ 实体 C30 混凝土的材料定额抽换值（即采用值）为：

32.5 级水泥：$0.377 \times 10.2 = 3.845$（t）；

中（粗）砂：$0.46 \times 10.2 = 4.69$（m³）；

碎石（4cm）：$0.83 \times 10.2 = 8.47$（m³）。

原定额中人工、其他材料及机械消耗量和其他材料费不变。

2. 路面半刚性基层材料的抽换

根据《预算定额》第二章第一节说明第 2 条规定，各类稳定土基层定额中的材料消耗是按一定配合比编制的，当设计配合比与定额标明的配合比不同时，有关材料可按式（2-5）换算：

$$C_i = [C_d + B_d \cdot (H - H_0)] \cdot \frac{L_i}{L_d} \tag{2-5}$$

式中：C_i——按设计配合比换算后的材料数量；

C_d——定额中基本压实厚度的材料数量；

B_d——定额中压实厚度每增减 1cm 的材料数量；

H——设计的压实厚度；

H_0——定额的基本压实厚度；

L_i——设计配合比的材料百分率；

L_d——定额中标明的材料百分率。

例 2-8

某 30cm 厚设计配合比为 4 : 11 : 85 的石灰粉煤灰稳定碎石基层，施工采用路拌法，稳定土拌和机分层拌和施工。试确定其预算定额。

解：依题意该工程定额编号为 $[2\text{-}1\text{-}4\text{-}Ⅲ\text{-}35 + 10 \times 36]$（图 2-11）。

单位：1000m²

顺序号	项目	单位	代号	石灰粉煤灰碎石 石灰 : 粉煤灰 : 碎石 5 : 15 : 80		石灰粉煤灰矿渣 石灰 : 粉煤灰 : 矿渣 6 : 14 : 80		石灰粉煤灰煤矸石 石灰 : 粉煤灰 : 煤矸石 6 : 14 : 80	
				压实厚度 20cm	每增减 1cm	压实厚度 20cm	每增减 1cm	压实厚度 20cm	每增减 1cm
				35	36	37	38	39	40
1	人工	工日	1001001	16	0.6	15.6	0.6	13.8	0.5
2	粉煤灰	t	5501009	63.963	3.198	48.163	2.408	53.148	2.657
3	熟石灰	t	5503003	22.77	1.139	22.044	1.102	18.92	0.946
4	矿渣	m³	5503011	—	—	227.12	11.36	—	—
5	煤矸石	m³	5505009	—	—	—	—	200.5	10.03
6	碎石	m³	5505016	222.11	11.1	—	—	—	—
7	其他材料费	元	7801001	301	—	301		301	
8	120kW 以内自行式平地机	台班	8001058	0.42		0.42		0.42	
9	12~15t 光轮压路机	台班	8001081	0.37		0.37		0.37	
10	18~21t 光轮压路机	台班	8001083	0.8		0.8		0.8	

图 2-11　路拌法石灰、粉煤灰稳定土基层定额表（部分）

由定额表内容可知：定额配合比为 5 : 15 : 80，压实厚度 20cm 与实际情况不同，需调整相关定额值。

另外，根据《预算定额》第二章第一节说明第 1 条规定，各类稳定土基层、其他种类的基层和底基层的压实厚度在 20cm 以内，拖拉机、平地机、摊铺机和压路机的台班消耗按定额数量计算。如超过上述压实厚度进行分层拌和、摊铺、碾压时，拖拉机、平地机、摊铺机和压路机的台班消耗量按定额数量加倍计算，每 1000m² 增加 1.5 个工日。

因此，30cm 厚设计配合比为 4 : 11 : 85 的石灰粉煤灰稳定碎石基层预算定额为：

人工：$16 + 0.6 \times (30 - 20) + 1.5 = 23.5$（工日/1000m²）；

粉煤灰：$[63.963 + 3.198 \times (30 - 20)] \times 11/15 = 70.36$（m³/1000m²）；

熟石灰：$[22.77 + 1.139 \times (30 - 20)] \times 4/5 = 27.33$（m³/1000m²）；

碎石：$[222.11 + 11.1 \times (30 - 20)] \times 85/80 = 353.93$（m³/1000m²）；

120kW 以内自行式平地机：$0.42 \times 2 = 0.84$（台班/1000m²）；

12 ~ 15t 光轮压路机：$0.37 \times 2 = 0.74$（台班/1000m²）；

18 ~ 21t 光轮压路机：$0.8 \times 2 = 1.6$（台班/1000m²）；

235kW 以内稳定土拌和机：$0.26 + 0.02 \times (30 - 20) = 0.46$（台班/1000m²）；

10000L 以内洒水汽车:$0.31 + 0.02 \times (30 - 20) = 0.51($台班$/1000m^2)$;

基价调整计算(略)。

3. 周转及摊销材料用量的抽换

周转性材料是指在施工过程中多次重复使用的材料,如工作模板、脚手架等,它只在施工过程中参与工程修建,而不构成工程的主要实体。

《预算定额》附录三是为周转性材料制定的,它规定了各种周转性材料(模板、拱盔、支架等)在施工中合理使用的周转或摊销次数。其分类与组成如图 2-12 所示。

材料周转与摊销分类及组成 {
1. 混凝土和钢筋混凝土构件、块件模板材料周转及摊销次数
2. 脚手架、踏步、井字架、金属门式吊架、吊盘等摊销次数
3. 临时轨道铺设材料摊销
4. 基础及打桩工程材料摊销次数
5. 灌注桩设备材料摊销
6. 吊装设备材料摊销次数
7. 预制构件和块件的堆放、运输材料摊销次数
}

图 2-12 材料周转与摊销分类及组成

材料周转与摊销定额的主要作用如下。

(1)规定各种周转性材料在施工中合理使用的周转次数、摊销次数。

由前述可知,定额用量不是周转定额的实际用量,而是每周转使用一次应承担的摊销数量。

(2)对达不到规定周转次数的材料定额进行抽换。

《预算定额》总说明第八条规定,定额中周转性的材料、模板、支撑、脚手杆、脚手板和挡土板等的数量,已考虑了材料的正常周转次数并计入定额内。其中,就地浇筑钢筋混凝土梁用的支架及拱圈用的拱盔、支架,如确因施工安排达不到规定的周转次数时,可根据具体情况进行换算并按规定计算回收,其余工程一般不予抽换。

当材料的实际周转次数达不到规定的周转次数时,定额表中周转材料的定额用量应予抽换,即按照实际的周转次数重新按式(2-6)计算实际定额。

$$实际定额用量 = \frac{规定的周转次数}{实际的周转次数} \times 规定定额用量 \qquad (2-6)$$

例 2-9

试确定跨径 $L = 2m$ 的拱涵拱盔及支架周转使用 3 次时的实际定额用量。

解:依题意,该工程定额编号为[4-9-1-1](图 2-13)。

由定额表"涵洞拱盔、支架"可知:跨径 $L = 2m$ 的拱涵拱盔及支架,每 $100m^2$ 水平投影面积需:铁件 87.1kg,铁钉 3.3kg,原木 $3.25m^3$,锯材 $1.71m^3$。

查《预算定额》附录三(图 2-14)。

各种材料的周转次数分别为:木料 5 次,铁件 5 次,铁钉 4 次。

所以拱涵拱盔及支架周转使用 3 次时的实际定额用量为:

铁件:$87.1 \times 5/3 = 145.2($kg$/100m^2)$;

铁钉:$3.3 \times 4/3 = 4.4($kg$/100m^2)$;

原木:$3.25 \times 5/3 = 5.417(\text{m}^3/100\text{m}^2)$;

锯材:$1.71 \times 5/3 = 2.85(\text{m}^3/100\text{m}^2)$。

4-9-1　涵洞拱盔、支架

工程内容　制作、安装、拆除。　　　　　　　　　　　　　　　　　　　单位:100m²水平投影面积

顺序号	项目	单位	代号	拱涵拱盔及支架		板涵支架
				跨径(m)		
				2以内	4以内	
				1	2	3
1	人工	工日	1001001	41.4	33.8	23.5
2	铁件	kg	2009028	87.1	42.8	64.3
3	铁钉	kg	2009030	3.3	2.2	—
4	原木	m³	4003001	3.25	2.44	2.31
5	锯材	m³	4003002	1.71	1.58	0.88
6	φ500mm以内木工圆锯机	台班	8015013	0.63	0.57	0.26
7	小型机具使用费	元	8099001	21.7	19.5	9
8	基价	元	9999001	11659	9400	7121

图 2-13　涵洞拱盔、支架定额表

(一)混凝土和钢筋混凝土构件、块件模板材料周转及摊销次数
1.现浇混凝土的模板及支架、拱盔、隧道支撑

序号	材料名称	单位	工料机代号	空心墩及索塔钢模板	悬浇箱形梁钢模	悬浇箱形梁、T形梁、T形刚构、连续梁木模板	其他混凝土的木模板及支架、拱盔、隧道开挖衬砌用木支撑等	水泥混凝土路面
				1	2	3	4	5
1	木料	次数	—	—	—	8	5	20
2	螺栓、拉杆	次数	—	12	12	12	8	20
3	铁件	次数	2009028	10	10	10	5	20
4	铁钉	次数	2009030	4	4	4	4	4
5	8~12号铁丝	次数	2001021	1	1	1	1	1
6	钢模	次数	2003025	100	80			

注:模板钉有铁皮者,木料周转次数应提高50%。打入混凝土中不抽出的拉杆及预埋螺栓周转次数按1次计。

图 2-14　材料周转与摊销

《 模 块 考 核 》

一、思考题

1.简述公路工程定额的含义及特性。

2.按生产要素分类,定额可以分为哪几种?

3. 按编制程序和用途分类,定额可以分为哪几种? 简述它们之间的关系。

4.《预算定额》包括哪几部分内容?

二、计算题

1. 某土方工地有挖方 $60000m^3$ 天然密实方,土质为硬土,采用 $10m^3$ 自行式铲运机运土方,运距为 400m,沿路升 15% 的坡,若总工期为 30 天,试确定铲运机的数量。

2. 某轻型混凝土墩台,采用 C30 普通钢筋混凝土(水泥强度等级为 42.5),试确定混凝土材料的预算定额。

3. 某二灰稳定碎石基层,厚 32cm,采用稳定土拌和机沿路拌和,分层拌和、碾压,材料配合比为石灰:粉煤灰:碎石 =6:17:77,试确定该项目的预算定额。

4. 某 3 孔拱桥,跨径为 20m,采用满堂式木拱盔,试确定其预算定额。

模块三
CHAPTER THREE

公路工程概算、预算文件编制

知识目标

(1)熟悉公路工程概算、预算的分类及作用；

(2)掌握公路工程概算、预算各项费用的组成；

(3)掌握公路工程概算、预算文件的组成内容；

(4)熟悉概算、预算文件的编制流程。

能力目标

(1)能计算建筑安装工程费中的各项组成费用；

(2)能计算土地使用及拆迁补偿费；

(3)能计算公路工程建设其他费；

(4)能计算预备费；

(5)能计算建设期贷款利息。

素质目标

(1)突出工程造价费用体系的科学性、严谨性和规范性,加深对工程造价行业的认同感,培养学生敬业、专注的工匠精神；

(2)概算、预算各项费用计算过程中的前后数据环环相套,前面数据失之毫厘,后续数据将谬以千里,体会造价工作对精确度的严格要求,养成细致严谨、求真务实的工作态度；

(3)材料运输和保管、机械维护和组织管理对工程总造价影响显著,科学规划、节能减排、环保施工是降低工程成本、提高工程质量和安全性的有效手段,应树立质量、安全和节能环保等工程责任意识；

(4)造价文件编制过程中计算工作量大、数据冗杂,在编制过程中养成沟通协调、团队合作的意识。

单元一　公路工程概算、预算基础知识

引导语

本单元主要介绍公路工程概算和预算的含义、分类、作用、费用组成及编制依据，概算、预算各计算表格之间的关系及项目表列项的基本要求，为公路工程概算、预算文件的编制打下基础。

相关知识

一、公路工程概算、预算的含义、分类及作用

公路工程概算、预算是指在公路建设过程中，根据各个设计阶段的设计文件内容，按照国家的有关政策和规定，预先计算和确定建设项目从筹建到竣工验收所需全部工程费用的技术经济文件。

根据设计阶段和测算主体，公路工程概算、预算分为设计概算（修正概算）和施工图预算。具体内容见表 3-1。

公路工程概算、预算分类　　　　　　　　　　　表 3-1

分类	编制阶段	费用范围	作用
设计概算（修正概算）	初步设计、技术设计	从筹建至竣工验收交付使用全过程建设费用	1.国家确定和控制基本建设总投资的依据； 2.确定工程投资的最高限额； 3.工程承包、招标的依据； 4.核定贷款额度的依据； 5.考核、分析设计方案经济合理性的依据
施工图预算	施工图设计	从筹建至竣工验收交付使用全过程建设费用	1.考核工程成本、确定工程造价的主要依据； 2.编制标底、签订承发包合同的依据； 3.工程价款结算的依据； 4.施工企业编制施工计划的依据

二、公路工程概算、预算费用组成

公路工程概算、预算费用组成如图 3-1 所示。

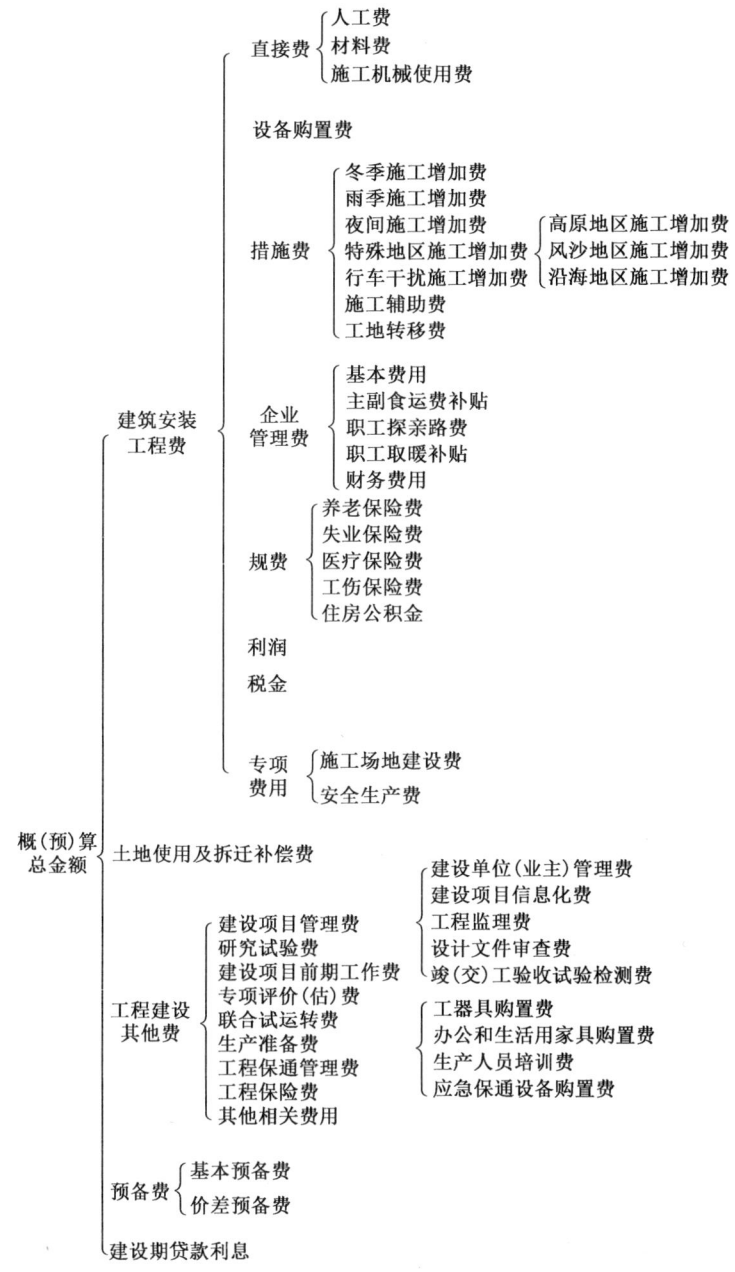

图 3-1　公路工程概算、预算费用组成

三、公路工程概算、预算编制依据

公路工程概算、预算的编制是一项十分细致的工作,编制前应全面了解工程所在地的建设条件,掌握各种基础资料和国家、行业相关法律、法规和政策,编制依据主要包括以下内容。

(1)国家发布的有关法律、法规、规章、规程等。

（2）现行的《公路工程概算定额（上、下册）》（JTG/T 3831）、《公路工程预算定额（上、下册）》（JTG/T 3832）、《公路工程机械台班费用定额》（JTG/T 3833）及《公路工程建设项目概算预算编制办法》（JTG 3830）。

（3）工程所在地省级交通运输主管部门发布的补充计价依据。

（4）可行性研究报告的批（核）准文件（修正概算时为初步设计批复文件）等有关资料。

（5）初步设计（或技术设计）图纸等设计文件、工程施工方案（含施工组织设计）。

（6）工程所在地的人工、材料、机械及设备、施工机械价格等。

（7）有关合同、协议等。

（8）其他有关资料。

四、公路工程概算、预算文件组成

公路工程概算、预算文件由封面、扉页、目录，编制说明，概算、预算表格组成。

（一）封面、扉页及目录

概算、预算文件的封面和扉页应按《公路工程基本建设项目设计文件编制办法》（交公路发〔2007〕358号）的规定制作，扉页的次页和目录应按《公路工程建设项目概算预算编制办法》（JTG 3830—2018）附录A的规定制作，扉页的次页应有建设项目名称，编制单位，编制、复核人员姓名并加盖执业（从业）资格印章，编制日期及第×册共×册等内容。

目录应按照概算、预算表格的顺序进行编排。

（二）编制说明

公路工程概算、预算编制完成后，应写出简明扼要的编制说明。编制说明应包括下列内容。

（1）建设项目设计文件的依据。

（2）编制范围、工程概况等。

（3）采用的定额、费用标准，人工、材料与设备、施工机械台班预算单价的依据或来源，新增工艺的单价分析等。

（4）有关协议书、会议纪要的主要内容。

（5）概算、预算总金额，人工、钢材、水泥、沥青等的总量。

（6）各设计方案的经济比较。

（7）项目综合经济技术指标统计，对比分析本阶段与上阶段工程数量、造价的变化情况。

（8）其他有关费用计算项及计价依据的说明。

（9）采用的公路工程造价软件名称及版本号。

（10）其他需要说明的问题。

（三）概算、预算表格

概算、预算表格是公路工程概算、预算文件的主要组成部分，应按统一的表格计算，表格样式见《公路工程建设项目概算预算编制办法》（JTG 3830—2018）附录A。概算、预算表格是一个有机的整体,它们互相联系,共同反映工程的费用。

概算、预算文件可按不同的需要分为甲、乙组文件,甲组文件为各项费用计算表,乙组文件为建筑安装工程费各项基础数据计算表。甲、乙组文件应按《公路工程基本建设项目设计文件编制办法》中关于设计文件报送份数的要求,随设计文件一并报送,并同时提交可计算的造价电子数据文件和新工艺单价分析的详细资料。乙组文件中的"分项工程概(预)算表(21-2表)"可只提交电子版,或按需要提交纸质版。

概算、预算应按一个建设项目[如一条路线或一座独立大(中)桥、隧道]进行编制。当一个建设项目需要分段或分部进行编制时,应根据需要分别编制,但必须汇总编制"总概(预)算汇总表(01-1表)"。

甲、乙组文件包含的内容见图3-2。

甲组文件
- 编制说明
- 前后阶段费用对比表
- 建设项目属性及技术经济信息表（00表）
- 总概（预）算汇总表（01-1表）
- 总概（预）算人工、主要材料、施工机械台班数量汇总表（02-1表）
- 概（预）算表（01表）
- 人工、主要材料、施工机械台班数量汇总表（02表）
- 建筑安装工程费计算表（03表）
- 综合费率计算表（04表）
- 综合费用计算表（04-1表）
- 设备费计算表（05表）
- 专项费用计算表（06表）
- 土地使用及拆迁补偿费计算表（07表）
- 工程建设其他费计算表（08表）
- 人工、材料、施工机械台班单价汇总表（09表）

乙组文件
- 分项工程概（预）算计算数据表（21-1表）
- 分项工程概（预）算表（21-2表）
- 材料预算单价计算表（22表）
- 自采材料料场价格计算表（23-1表）
- 材料自办运输单位运费计算表（23-2表）
- 施工机械台班单价计算表（24表）
- 辅助生产人工、材料、施工机械台班单位数量表（25表）

图 3-2 甲、乙组文件包含的内容

五、概算、预算项目表

建筑安装工程是由许多分项工程组成的庞大复杂的综合体,为了准确计价和编审,同时方便同类工程之间进行比较和对不同分项工程进行技术经济分析,也为了编制概算、预算项目时不重不漏,必须对工程概算、预算的项目划分、排列顺序及内容作出统一规定,这就形成了公路工程概算、预算项目表。主要包括以下内容。

第一部分 建筑安装工程费

第一项 临时工程

第二项 路基工程

第三项 路面工程

第四项 桥梁涵洞工程

第五项　隧道工程

第六项　交叉工程

第七项　交通工程及沿线设施

第八项　绿化及环境保护工程

第九项　其他工程

第十项　专项费用

　　1.施工场地建设费

　　2.安全生产费

第二部分　土地使用及拆迁补偿费

第三部分　工程建设其他费

第四部分　预备费

第五部分　建设期贷款利息

具体内容见本书附录一或《公路工程建设项目概算预算编制办法》（JTG 3830—2018）附录 B。

概算、预算项目应按项目表的序列及内容编制。当实际出现的工程和费用项目与项目表的内容不完全相符时，第一至五部分和"项"的序号、内容应保持不变，项目表中"项"以下的分项在引用时应保持序号、内容不变，缺少的分项内容可随需要就近增加，并按项目表的顺序以实际出现的级别依次排列，不保留缺少的"项"以下的项目序号。

单元二　建筑安装工程费的计算

引导语

建筑安装工程费是概算、预算费用的主体部分，本单元选用某二级公路路面工程施工图预算中建筑安装工程费的计算任务作为教学案例，详细分析建筑安装工程费的组成，学习各项费用的计算方法，完成教材配套的工作页"学习任务 2：施工图预算编制专项训练"中建筑安装工程费的计算，并填写相关计算表格。

相关知识

建筑安装工程费包括直接费、设备购置费、措施费、企业管理费、规费、利润、税金和专项费用。其中，除专项费用外，其他均按"价税分离"计价规则计算，即各项费用均以不含增值税可抵扣进项税额的价格（费率）进行计算，具体要素价格适用增值税税率执行财税部门的相关规定。

定额建筑安装工程费包括定额直接费、定额设备购置费的 40%、措施费、企业管理费、规费、利润、税金和专项费用，其中定额直接费包括定额人工费、定额材料费、定额施工机械使用费。定额人工费、定额材料费、定额施工机械使用费以及定额设备购置费均按《预算定额》附录四及《公路工程机械台班费用定额》(JTG/T 3833)中规定的人工、材料、设备、机械的相应基价计算的定额费用计取。

一、直接费

直接费指施工过程中耗费的构成工程实体和有助于工程形成的各项费用,包括人工费、材料费、施工机械使用费。

1. 人工费

人工费指列入概算、预算定额的,直接从事建筑安装工程施工的生产工人开支的各项费用。

(1)人工费包括以下内容。

①计时工资或计件工资:按计时工资标准和工作时间或对已做工作按计件单价支付给个人的劳动报酬。

②津贴、补贴:为了补偿职工特殊或额外的劳动消耗和因其他特殊原因支付给个人的津贴,以及为了保证职工工资水平不受物价影响支付给个人的物价补贴。如流动施工津贴、特殊地区施工津贴、高温(寒)作业临时津贴、高空津贴等。

③特殊情况下支付的工资:根据国家法律、法规和政策规定,因病、工伤、产假、计划生育假、婚丧假、事假、探亲假、定期休假、停工学习、履行国家或社会义务等原因按计时工资标准或计件工资标准的一定比例支付的工资。

(2)人工费以概算、预算定额人工工日数乘以综合工日单价计算。

(3)人工费标准按照本地区公路建设项目的人工工资统计情况以及公路建设劳务市场情况进行综合分析确定。人工工日单价由省级交通运输主管部门制定发布,并适时进行动态调整。人工工日单价仅作为编制概算、预算的依据,不作为施工企业实发工资的依据。

人工费金额由概算、预算表格按式(3-1)、式(3-2)计算:

$$人工费 = 劳动定额 \times 工程数量 \times 人工工日单价 \tag{3-1}$$

式中:劳动定额——单位合格产品的人工消耗量标准,由《公路工程概算定额(上、下册)》(JTG/T 3831)或《预算定额》查得;

工程数量——分项工程的工程量/定额单位;

人工工日单价——生产工人每工日人工费。

$$定额人工费 = 劳动定额 \times 工程数量 \times 人工定额单价 \tag{3-2}$$

式中:人工定额单价——《预算定额》附录四中规定的人工单价。

以上各项标准由各省(区、市)公路(交通)工程造价(定额)管理站根据当地人民政府的有关规定核定后公布执行,并抄送交通运输部公路局备案,并应根据最低工资标准的变化情况及时调整公路工程生产工人的工资标准。

注:人工定额单价仅作为编制概算、预算的依据,不作为施工企业实发工资的依据。

> 人工费与定额人工费
> 计算(视频)

例 3-1

陕西省宝鸡市某二级公路长6km,行车道宽24m,沥青面层与水泥稳定碎石基层之间设置

ES-2 型乳化沥青稀浆封层,经调查当地人工工日单价为 105.89 元/工日,试计算该乳化沥青稀浆封层的人工费和定额人工费。

解:由式(3-1)可知,人工费 = 劳动定额 × 工程数量 × 人工工日单价。

①查《预算定额》第二章第二节"路面面层",可知该工程 ES-2 型乳化沥青稀浆封层,细目的定额编号为[2-2-16-16],人工定额为 4.9(工日);

②工程数量 = 6000 × 24/1000 = 144;

③人工工日单价 = 105.89(元/工日);

④人工费 = 4.9 × 144 × 105.89 = 74715.98(元);

⑤查《预算定额》附录四可知,人工定额单价为 106.28 元/工日,则

定额人工费 = 4.9 × 144 × 106.28 = 74991.17(元)。

注:人工费计算及填写方式详见本模块单元六编制示例的"分项工程概(预)算表(21-2 表)"。

2. 材料费

材料费指施工过程中耗用的构成工程实体的原材料、辅助材料、构配件、零件、半成品或成品等,按工程所在地的材料价格计算的费用,按式(3-3)、式(3-4)计算。

材料预算单价的确定(视频)

$$材料费 = \sum 工程数量 × (定额 × 材料预算单价 + 其他材料费) \quad (3-3)$$

$$定额材料费 = \sum 工程数量 × (定额 × 材料定额单价 + 其他材料费) \quad (3-4)$$

材料预算单价由材料原价、运杂费、场外运输损耗、采购及保管费组成,按式(3-5)计算。

$$材料预算单价 = (材料原价 + 运杂费) × (1 + 场外运输损耗率) ×$$
$$(1 + 采购及保管费率) - 包装品回收价值 \quad (3-5)$$

(1)各种材料原价按下列规定计算。

①外购材料:外购材料价格参照本行政区域内交通运输主管部门发布的价格和调查的市场价格综合取定。

②自采材料:自采的砂、石、黏土等,按定额中开采单价加辅助生产间接费和矿产资源税(如有)计算。

材料运杂费的计算(视频)

(2)运杂费是指材料自供应地点运至工地仓库(施工地点存放材料的地方)的费用,包括装卸费、运费,如果发生,还应计囤存费及其他杂费(如过磅、标签、支撑加固、路桥通行等费用)。

①通过铁路、水路和公路运输的材料,按调查的市场运价计算运费。计算方法见式(3-6)。

$$单位运杂费 = 单位运费 + 单位装卸费 + 单位杂费$$
$$= 运价率 × 运距 × 单位毛质量 + 装卸费率 × 装卸次数 × 单位毛质量 + 杂费费率 × 单位毛质量$$
$$= (运价率 × 运距 + 装卸费率 × 装卸次数 + 杂费费率) × 单位毛质量 \quad (3-6)$$

②当一种材料有两个以上的供应点时,应根据不同的运距、运量、运价采用加权平均的方法计算运费。由于概算、预算定额中已考虑了工地运输便道的特点,以及定额中已计入了"工地小搬运"的费用,因此,汽车运输中平均运距不得乘以调整系数,也不得在工地仓库或堆料场之外再加场内运距或二次倒运的运距。

③有容器或包装的材料及长大轻浮材料,应按表 3-2 规定的毛质量计算。桶装沥青、汽油、柴油按每吨摊销一个旧汽油桶计算包装费(不计回收)。

材料毛质量系数及单位毛质量表 表 3-2

材料名称	单位	毛质量系数	单位毛质量
爆破材料	t	1.35	—
水泥、块状沥青	1	1.01	—
铁钉、铁件、焊条	t	1.10	—
液体沥青、液体燃料、水	t	桶装 1.17,油罐车装 1.00	—
木料	m³	—	原木 0.750t,锯材 0.650t
草袋	个	—	0.004t

（3）场外运输损耗是指材料在正常的运输过程中发生的损耗。材料场外运输损耗率见表 3-3。

材料场外运输损耗率（单位：%） 表 3-3

材料名称		场外运输（包括一次装卸）	每增加一次装卸
块状沥青		0.5	0.2
碎石、碎砾石、砂砾、煤渣、工业废渣、煤		1.0	0.4
砖、瓦、桶装沥青、石灰、黏土		3.0	1.0
草皮		7.0	3.0
水泥（袋装、散装）		1.0	0.4
砂	一般地区	2.5	1.0
	风沙地区	5.0	2.0

注：汽车运水泥，当运距超过 500km 时，袋装水泥损耗率增加 0.5%。

（4）采购及保管费。

①材料采购及保管费是指在组织采购、保管过程中所需的各项费用及工地仓库的材料储存损耗。

②材料采购及保管费以材料的原价加运杂费及场外运输损耗的合计数为基数，乘以采购及保管费费率计算。

③钢材的采购及保管费费率为 0.75%，燃料、爆破材料为 3.26%，其余材料为 2.06%。商品水泥混凝土、沥青混合料和各类稳定土混合料、外购的构件、成品及半成品的预算价格计算方法与材料相同。商品水泥混凝土、沥青混合料和各类稳定土混合料不计采购及保管费，外购的构件、成品及半成品的采购及保管费费率为 0.42%。

例 3-2

某乳化沥青稀浆封层施工项目，条件如例 3-1 所示，经调查，乳化沥青原价为 3300 元/t，运距 200km，运价率为 0.73 元/（t·km），装卸费率为 2.5 元/（t·次），杂费费率为 2 元/t，试计算乳化沥青材料的预算单价。

解：依题意知，本材料为外购、长途运输材料，原价 3300 元/t。查表 3-2 得毛质量系数为

1.17，则单位运杂费 $= (0.73 \times 200 + 2.5 \times 1 + 2) \times 1.17 = 176.09(元/t)$；

查表 3-3 知乳化沥青的场外运输损耗率为 3%，采购及保管费费率为 2.06%，则

乳化沥青预算单价 $= (3300 + 176.09) \times (1 + 3\%) \times (1 + 2.06\%) = 3654.13(元/t)$。

注：材料预算单价计算及填写方式详见本模块单元六编制示例的"材料预算单价计算表（22 表）"。

例 3-3

接例 3-2，按照例 3-2 中的计算结果，试计算该乳化沥青稀浆封层的乳化沥青材料费和乳化沥青定额材料费。

解：①查预算定额第二章[2-2-16-16]，可知乳化沥青材料的定额为 1.476(t)；

②工程量 $= 24 \times 6000/1000 = 144$；

③根据例 3-2 的计算结果，可知乳化沥青的预算单价为 3654.13(元/t)；

④乳化沥青材料费 $= 144 \times 1.476 \times 3654.13 = 776663.41(元)$；

⑤查《预算定额》附录四，可知乳化沥青的定额单价为 3333.33 元/t，则

乳化沥青定额材料费 $= 144 \times 1.476 \times 3333.33 = 708479.29(元)$。

注：材料费计算及填写方式详见本模块单元六编制示例的"分项工程概（预）算表（21-2 表）"。

例 3-4

某公路施工现场距离河道较近，河道内有丰富的河砂，将采砂场设置在河道边上，距施工现场 500m，生产砂和中（粗）砂两种材料，砂采用人工水中采集堆放的方式，中粗砂采用人工采集筛分堆放的方式（成品率为 51% ~ 70%）。辅助生产间接费费率按 3% 计列，试计算砂和中（粗）砂两种材料的料场价格。

解：依题意知，砂和中（粗）砂两种材料为自采材料，材料料场价格应通过定额确定工料机消耗量计算得到。自采材料料场价格（原价）$= 人工费 \times (1 + 3\%) + 材料费 + 机械使用费$。

①砂的料场价格。

由《预算定额》第八章[8-1-3-2]可知，采集堆放每 $100m^3$ 的砂所需定额为：人工 19.3 工日。故

砂的料场价格 $= 105.89 \times 19.3 \times (1 + 3\%)/100 = 21.050(元/m^3)$。（人工费的 3% 为辅助生产间接费）

②中（粗）砂的料场价格。

由《预算定额》第八章[8-1-3-5]可知，采集筛分堆放每 $100m^3$ 的中（粗）砂所需定额为：人工 21.5 工日。故

中（粗）砂的料场价格 $= 105.89 \times 21.5 \times (1 + 3\%)/100 = 23.449(元/m^3)$。（人工费的 3% 为辅助生产间接费）

注：自采材料原价计算及填写方式详见本模块单元六编制示例的"自采材料料场价格计算表（23-1 表）"。

例 3-5

接例 3-4，按照例 3-4 中的计算结果，若已知采砂场距离施工现场 500m 左右，采用 1t 以内机动翻斗车运输，1t 以内机动翻斗车的单价为 213.14 元/台班，试确定砂和中(粗)砂两种材料的预算单价。

解：依题意知，砂和中(粗)砂两种材料的运输为自办运输，材料的单位运杂费应通过定额确定工料机消耗量计算得到。

由《预算定额》第九章[9-1-3-1]可知，每 $100m^3$ 砂或中(粗)砂运 500m 的定额为：1t 以内机动翻斗车 3.55 台班。则

单位运杂费 $= 3.55 \times 213.14/100 = 7.566($元$/m^3)$

又查表 3-3，可知砂或中(粗)砂的场外运输损耗率为 2.5%，采购及保管费费率为 2.06%。

砂的预算单价 $= (21.050 + 7.566) \times (1 + 2.5\%) \times (1 + 2.06\%) = 29.94($元$/m^3)$

中(粗)砂的预算单价 $= (23.449 + 7.566) \times (1 + 2.5\%) \times (1 + 2.06\%) = 32.45($元$/m^3)$

注：自采材料自办运输时运杂费计算及填写方式详见本模块单元六编制示例的"材料自办运输单位运费计算表(23-2 表)"。

3. 施工机械使用费

施工机械使用费是指列入概算、预算定额的工程机械和工程仪器仪表台班数量，按相应的施工机械台班费用定额计算的费用等。

机械使用费(视频)

(1)工程机械使用费。机械台班预算价格应按《公路工程机械台班费用定额》(JTG/T 3833)计算，机械台班单价由不变费用和可变费用组成。不变费用包括折旧费、检修费、维护费、安拆辅助费等；可变费用包括机上人员人工费、动力燃料费、车船税。可变费用中的人工工日数及动力燃料消耗量，应以机械台班费用定额中的数值为准。台班人工费工日单价与生产工人人工费单价相同。动力燃料费用按材料费的计算规定计算。

(2)工程仪器仪表使用费是指机电工程施工作业所发生的仪器仪表使用费，以施工仪器仪表台班耗用量乘以施工仪器仪表台班单价计算。

①工程仪器仪表台班预算价格应按《公路工程机械台班费用定额》(JTG/T 3833)计算。台班人工费工日单价与生产工人人工费单价相同。动力燃料费用按材料费的计算规定计算。

②当工程用电为自行发电时，电动机械电单价可按式(3-7)计算。

$$A = 0.15K/N \qquad (3-7)$$

式中：A——电价[元/(kW·h)]；

K——发电机组的台班单价(元)；

N——发电机组的总功率(kW)。

(3)机械使用费和机械台班单价按式(3-8)、式(3-9)计算。

$$机械使用费 = \sum 工程数量 \times (定额 \times 机械台班单价 + 小型机具使用费) \qquad (3-8)$$

机械台班单价 = 不变费用 $\times$ 调整系数 + 可变费用

= 不变费用 × 调整系数 + 人工消耗定额 × 人工单价 + 燃料及动力消耗定额 ×

燃料及动力单价 + 车船税　　　　　　　　　　　　　　　　　(3-9)

各类施工机械的不变费用、人工消耗定额、燃料及动力消耗定额可在《公路工程机械台班费用定额》(JTG/T 3833)中查出,车船税可参考项目所在地车船税缴纳标准执行。定额机械使用费按式(3-10)计算。

定额机械使用费 = ∑工程数量 × (定额 × 机械台班定额单价 + 小型机具使用费)

(3-10)

机械台班定额单价可在《公路工程机械台班费用定额》(JTG/T 3833)中查出。

例 3-6

某乳化沥青稀浆封层施工项目,条件如例 3-1 所示,拟采用 2.5 ~ 3.5m 稀浆封层机进行封层施工。已知该工程机械人工预算单价为 105.89 元/工日,柴油预算价格为 7.5 元/kg。

(1)试计算该项目中稀浆封层机的台班单价和台班定额单价;

(2)按预算定额计算该项目的机械使用费和定额机械使用费。

解:(1)计算稀浆封层机的台班单价和台班定额单价

查《公路工程机械台班费用定额》(JTG/T 3833—2018)可知,2.5 ~ 3.5m 稀浆封层机(代号 8003062)的不变费用为 1979.33 元,陕西省不变费用调整系数取 1.0;可变费用包括人工 2 工日、柴油 103.54kg。根据陕西省车船税缴纳标准相关文件,稀浆封层机免收车船税,因此

稀浆封层机台班单价 = 1979.33 × 1 + 2 × 105.89 + 103.54 × 7.5 = 2967.66(元/台班)

机械台班单价计算及填写方式详见本模块单元六编制示例的"施工机械台班单价计算表(24 表)"。

查《公路工程机械台班费用定额》(JTG/T 3833—2018)可知,稀浆封层机台班定额单价为2962.23 元/台班。

(2)计算机械使用费和定额机械使用费

①确定沥青混合料工程量:6000 × 24/1000 = 144;

②确定 2.5 ~ 3.5m 稀浆封层机台班消耗:

查《预算定额》第二章[2-2-16-16]可知,2.5 ~ 3.5m 稀浆封层机的定额为 0.29 台班;

③计算该项目稀浆封层机的机械使用费:

机械使用费 = 144 × 0.29 × 2967.66 = 123929.48(元)

④计算该项目稀浆封层机的定额机械使用费:

定额机械使用费 = 144 × 0.29 × 2962.23 = 123702.72(元)

机械使用费计算及填写方式详见本模块单元六编制示例的"分项工程概(预)算表(21-2 表)"。

综上所述,直接费为人工费、材料费和施工机械使用费之和。其各项费用的计算方法相同,但单价计算方法不同,其中材料和施工机械台班的预算价格,是采用表格化的形式计算确定的,即概算、预算计算表格中的 21-1 表、21-2 表、22 表、23-1 表、23-2 表和 24 表。在编制过程中,不得随意修改表格的形式和内容。

例 3-7

某乳化沥青稀浆封层施工项目,条件如例 3-1 所示,经调查,人工、主要材料和机械的预算单价和定额单价如表 3-4 所示,试计算该乳化沥青稀浆封层的直接费及定额直接费。

各类材料或机械的费用　　　　　　　　　表 3-4

项目名称	预算单价	定额单价
人工	105.89 元/工日	106.28 元/工日
乳化沥青	3654.12 元/t	3333.33 元/t
砂	29.94 元/m³	77.67 元/m³
矿粉	171.87 元/t	155.34 元/t
路面用石屑	130.14 元/m³	106.8 元/m³
4000L 内液态沥青运输车	425.55 元/台班	424.44 元/台班
2.5 ~ 3.5m 稀浆封层机	2967.66 元/台班	2962.23 元/台班
10000L 以内洒水汽车	1110.50 元/台班	1104.87 元/台班

解:①乳化沥青封层的工程数量:6000 × 24/1000 = 144。

②ES-2 型乳化沥青稀浆封层的定额消耗为每 1000m² 需要:人工 4.9 工日、乳化沥青 1.476t、砂 0.6m³、矿粉 0.278t、路面用石屑 2.95m³、4000L 内液态沥青运输车 0.3 台班、2.5 ~ 3.5m 稀浆封层机 0.29 台班、10000L 以内洒水汽车 0.22 台班。

③计算人工费和定额人工费、材料费和定额材料费、机械费和定额机械费。

人工费 = 144 × 4.9 × 105.89 = 74715.98(元)

定额人工费 = 144 × 4.9 × 106.28 = 74991.17(元)

材料费 = 144 × 1.476 × 3654.12 + 144 × 0.6 × 29.94 + 144 × 0.278 × 171.87 + 144 × 2.95 × 130.14
　　　= 841411.87(元)

定额材料费 = 144 × 1.476 × 3333.33 + 144 × 0.6 × 77.67 + 144 × 0.278 × 155.34 + 144 × 2.95 × 106.8
　　　　= 766777.19(元)

机械费 = 144 × 0.3 × 425.55 + 144 × 0.29 × 2967.66 + 144 × 0.22 × 1110.50 = 177493.88(元)

定额机械费 = 144 × 0.3 × 424.44 + 144 × 0.29 × 2962.23 + 144 × 0.22 × 1104.87 = 177040.81(元)

④计算直接费和定额直接费。

直接费 = 人工费 + 材料费 + 机械费
　　　= 74715.98 + 841411.87 + 177493.88
　　　= 1093621.73(元)

定额直接费 = 定额人工费 + 定额材料费 + 定额机械费
　　　　= 74991.17 + 766777.19 + 177040.81
　　　　= 1018809.17(元)

直接费和定额直接费计算及填写方式详见本模块单元六编制示例的"分项工程概(预)算

表(21-2 表)"。

二、设备购置费

设备购置费是指为满足公路初期运营、管理需要购置的构成固定资产标准的设备和虽低于固定资产标准但属于设计明确列入设备清单的设备的费用,包括渡口设备,隧道照明、消防、通风的动力设备,公路收费、监控、通信、路网运行监测、供配电及照明设备等。

(1)设备购置费应列出计划购置的清单(包括设备的规格、型号、数量),以设备预算价计入。

(2)设备购置费包括设备原价、运杂费、运输保险费、采购及保管费,各种税费按编制期有关部门规定计算。

(3)需要安装的设备,按建筑安装工程费的有关规定计算设备的安装工程费。设备与材料的划分标准见《公路工程建设项目概算预算编制办法》(JTG 3830—2018)附录 C。

例 3-8

陕西省宝鸡市某二级公路长 6km,因运营安全因素购置外场摄像机 3 套,每套 18000 元,运杂费按照设备原价的 0.8% 计列,运输保险按照设备原价的 1% 计列,采购及保管费按照设备原价的 1.2% 计列,试计算该工程的设备购置费。

解:①设备单价 = 设备原价 + 运杂费(运输费 + 装卸费 + 搬动费) + 运输保险费 + 采购及保管费
$$= 18000 \times (1 + 0.8\% + 1\% + 1.2\%) = 18540(元)$$
②设备购置费 $= 18540 \times 3 = 55620(元)$

设备购置费计算及填写方式详见本模块单元六编制示例的"设备费计算表(05 表)"。

三、措施费

(一) 工程类别的划分

措施费是以工程项目的某项费用为基数,乘以规定的费率计算得到,而工程项目内容千差万别,无法为其制定单个费率标准。因此,将性质相近的工程项目合并成若干类别来制定费率。《公路工程基本建设项目概算预算编制办法》(JTG 3830—2018)中将工程类别划分为如下 10 类。

(1)土方:人工及机械施工的土方工程、路基掺灰、路基换填及台背回填。

(2)石方:人工及机械施工的石方工程。

(3)运输:用汽车、拖拉机、机动翻斗车、船舶等运送土石方、路面基层和面层混合料、水泥混凝土及预制构件、绿化苗木等。

(4)路面:路面所有结构层工程、路面附属工程、便道以及特殊路基处理(不含特殊路基处理中的圬工构造物)。

(5)隧道:隧道土建工程(不含隧道的钢材和钢结构)。

(6)构造物Ⅰ:砍树挖根、拆除工程、排水、防护、特殊路基处理中的圬工构造物、涵洞、交通安全设施、拌和站（楼）安拆、便桥、便涵、临时电力和电信设施、临时轨道、临时码头、绿化等工程。

（7）构造物Ⅱ：小桥、中桥、大桥、特大桥工程。

（8）构造物Ⅲ：商品水泥混凝土的浇筑、商品沥青混合料和各类商品稳定土混合料的铺筑、外购混凝土构件、设备安装工程等。

（9）技术复杂大桥：钢管拱桥、斜拉桥、悬索桥、单孔跨径在120m以上（含120m）和基础水深在10m以上（含10m）的大桥主桥部分的基础、下部和上部工程（不含桥梁的钢材和钢结构）。

（10）钢材及钢结构：所有工程的钢材和钢结构等工程。

（二）措施费的计算

措施费包括冬季施工增加费、雨季施工增加费、夜间施工增加费、特殊地区施工增加费、行车干扰施工增加费、施工辅助费、工地转移费。每种费用均以已知的费用作为计算基数，乘以相应的费率得到。购买的路基填料、绿化苗木、商品水泥混凝土、商品沥青混合料和各类稳定土混合料、外购混凝土构件不作为措施费及企业管理费的计算基数。措施费按式（3-11）计算。

$$措施费 = 综合费用Ⅰ + 综合费用Ⅱ$$
$$= （定额人工费 + 定额机械使用费）× 综合费率Ⅰ + 定额直接费 × 综合费率Ⅱ$$

$$(3-11)$$

1. 冬季施工增加费

冬季施工增加费是指按照公路工程施工及验收规范所规定的冬季施工要求，为保证工程质量和安全生产所需采取的防寒保温设施、工效降低和机械作业效率降低以及技术操作过程的改变等所增加的有关费用。

全国冬季施工气温区
划分表（文本）

（1）冬季施工增加费的内容包括：①因冬季施工所需增加的一切人工、机械与材料的支出；②施工机械所需修建的暖棚（包括拆、移），增加其他保温设备的购置费用；③因施工组织设计确定，需增加的一切保温、加温等有关支出；④清除工作地点的冰雪等与冬季施工有关的其他各项费用。

（2）全国冬季施工气温区划分见《公路工程基本建设项目概算预算编制办法》（JTG 3830—2018）附录D。

（3）冬季施工增加费的计算方法，是根据各类工程的特点，规定各气温区的取费标准。为了简化计算手续，采用全年平均摊销的方法，即不论是否在冬季施工，均按规定的取费标准计取冬季施工增加费。

（4）一条路线穿过两个以上气温区时，可分段计算或按各区的工程量比例求得全线的平均增加率，计算冬季施工增加费。

（5）冬季施工增加费以各类工程的定额人工费和定额施工机械使用费之和为基数，按工程所在地的气温区选用表3-5的费率计算。

冬季施工增加费费率表（单位：%）　　　　　表 3-5

工程类别	冬季期平均温度（℃）								准一区	准二区
	−1 以上		−1 ~ −4		−4 ~ −7	−7 ~ −10	−10 ~ −14	−14 以下		
	冬一区		冬二区		冬三区	冬四区	冬五区	冬六区		
	Ⅰ	Ⅱ	Ⅰ	Ⅱ						
土方	0.835	1.301	1.800	2.270	4.288	6.094	9.140	13.720	—	—
石方	0.164	0.266	0.368	0.429	0.859	1.248	1.861	2.801	—	—
运输	0.166	0.250	0.354	0.437	0.832	1.165	1.748	2.643	—	—
路面	0.566	0.842	1.181	1.371	2.449	3.273	4.909	7.364	0.073	0.198
隧道	0.203	0.385	0.548	0.710	1.175	1.520	2.269	3.425	—	—
构造物Ⅰ	0.652	0.940	1.265	1.438	2.607	3.527	5.291	7.936	0.115	0.288
构造物Ⅱ	0.868	1.240	1.675	1.902	3.452	4.693	7.028	10.542	0.165	0.393
构造物Ⅲ	1.616	2.296	3.114	3.523	6.403	8.680	13.020	19.520	0.292	0.721
技术复杂大桥	1.019	1.444	1.975	2.230	4.057	5.479	8.219	12.338	0.170	0.446
钢材及钢结构	0.040	0.101	0.141	0.181	0.301	0.381	0.581	0.861	—	—

注：绿化工程不计冬季施工增加费。

2. 雨季施工增加费

雨季施工增加费是指雨季期间施工为保证工程质量和安全生产，采取防水、防潮和防护措施所增加的费用，以及因工效降低、机械作业率降低、技术操作过程改变等所需增加的有关费用。

（1）雨季施工增加费的内容包括：①因雨季施工所需增加的工、料、机费用的支出，包括工作效率的降低及易被雨水冲毁的工程所增加的清理坍塌基坑和堵塞排水沟、填补路基边坡冲沟等费用；②路基土方工程的开挖和运输，因雨季施工（非土壤中水影响）而引起的黏附工具、降低工效所增加的费用；③因防止雨水必须采取的挖临时排水沟，防止基坑坍塌所需的支撑、挡板等防护措施费用；④材料因受潮、受湿的耗损费用；⑤增加防雨、防潮设备的费用；⑥因河水高涨致使工作困难等其他有关雨季施工所需增加的费用。

全国雨季施工雨量区及雨季期划分表（文本）

（2）全国雨季施工雨量区及雨季期划分见《公路工程基本建设项目概算预算编制办法》（JTG 3830—2018）附录 E。

（3）雨季施工增加费的计算方法，是将全国划分为若干雨量区和雨季期，并根据各类工程的特点规定各雨量区和雨季期的取费标准。为了简化计算手续，采用全年平均摊销的方法，即不论是否在雨季施工，均按规定的取费标准计取雨季施工增加费。

（4）一条路线通过不同的雨量区和雨季期时，应分别计算雨季施工增加费或按工程量比例求得平均的增加率，计算全线雨季施工增加费。

（5）雨季施工增加费以各类工程的定额人工费和定额施工机械使用费之和为基数，按工程所在地的雨量区、雨季期选用表 3-6 的费率计算。

雨季施工增加费费率表（单位:%）　　　　表3-6

工程类别	1	1.5	2		2.5		3		3.5		4		4.5		5		6		7	8
雨量区	I	I	I	II	I	II	I	II	I	II	I	II	I	II	I	II	I	II	II	II
土方	0.140	0.175	0.245	0.385	0.315	0.455	0.385	0.525	0.455	0.595	0.525	0.700	0.595	0.805	0.665	0.939	0.764	1.114	1.289	1.499
石方	0.105	0.140	0.212	0.349	0.280	0.420	0.349	0.491	0.418	0.563	0.487	0.667	0.555	0.772	0.626	0.876	0.701	1.018	1.194	1.373
运输	0.142	0.178	0.249	0.391	0.320	0.462	0.391	0.568	0.462	0.675	0.533	0.781	0.604	0.888	0.675	0.959	0.781	1.136	1.314	1.527
路面	0.115	0.153	0.230	0.366	0.306	0.480	0.366	0.557	0.425	0.634	0.501	0.710	0.578	0.825	0.654	0.940	0.749	1.093	1.267	1.459
隧道	—	—	—	—	—	—	—	—	—	—	—	—	—	—	—	—	—	—	—	—
构造物 I	0.098	0.131	0.164	0.262	0.196	0.295	0.229	0.360	0.262	0.426	0.327	0.491	0.393	0.557	0.458	0.622	0.524	0.753	0.884	1.015
构造物 II	0.106	0.141	0.177	0.282	0.247	0.353	0.282	0.424	0.318	0.494	0.388	0.565	0.459	0.636	0.530	0.742	0.600	0.883	1.059	1.201
构造物 III	0.200	0.266	0.366	0.565	0.466	0.699	0.565	0.832	0.665	0.998	0.765	1.164	0.898	1.331	1.031	1.497	1.164	1.730	1.996	2.295
技术复杂大桥	0.109	0.181	0.254	0.363	0.290	0.435	0.363	0.508	0.435	0.580	0.508	0.689	0.580	0.798	0.653	0.907	0.725	1.052	1.233	1.414
钢材及钢结构	—	—	—	—	—	—	—	—	—	—	—	—	—	—	—	—	—	—	—	—

注:室内和隧道内工程及设备安装工程不计雨季施工增加费。

3. 夜间施工增加费

夜间施工增加费是指根据设计、施工技术规范和合理的施工组织要求,必须在夜间施工或必须昼夜连续施工而发生的夜班补助费、夜间施工降效、施工照明设备摊销及照明用电等费用。夜间施工增加费以夜间施工工程项目的定额人工费与定额施工机械使用费之和为基数,按表3-7的费率计算。

夜间施工增加费费率表（单位:%）　　　　表3-7

工程类别	费率	工程类别	费率
构造物 II	0.903	构造物 III	1.702
技术复杂大桥	0.928	钢材及钢结构	0.874

注:设备安装工程及金属标志牌、防撞钢护栏、防眩板(网)、隔离栅、防护网等不计夜间施工增加费。

4. 特殊地区施工增加费

特殊地区施工增加费包括高原地区施工增加费、风沙地区施工增加费和沿海地区施工增加费三项。

（1）高原地区施工增加费。

高原地区施工增加费是指在海拔2000m以上地区施工,由于受气候、气压的影响,致使人工、机械效率降低而增加的费用。

①一条路线通过两个以上(含两个)不同的海拔分区时,应分别计算高原地区施工增加费

或按工程量比例求得平均的增加率,计算全线高原地区施工增加费。

②高原地区施工增加费以各类工程的定额人工费与定额施工机械使用费之和为基数,按表3-8 的费率计算。

高原地区施工增加费费率表（单位:%）　　　　表 3-8

工程类别	海拔高度（m）						
	2001～2500	2501～3000	3001～3500	3501～4000	4001～4500	4501～5000	5000 以上
土方	13.295	19.709	27.455	38.875	53.102	70.162	91.853
石方	13.711	20.358	29.025	41.435	56.875	75.358	100.223
运输	13.288	19.666	26.575	37.205	50.493	66.438	85.040
路面	14.572	21.618	30.689	45.032	59.615	79.500	102.640
隧道	13.364	19.850	28.490	40.767	56.037	74.302	99.259
构造物Ⅰ	12.799	19.051	27.989	40.356	55.723	74.098	95.521
构造物Ⅱ	13.622	20.244	29.082	41.617	57.214	75.874	101.408
构造物Ⅲ	12.786	18.985	27.054	38.616	53.004	70.217	93.371
技术复杂大桥	13.912	20.645	29.257	41.670	57.134	75.640	100.205
钢材及钢结构	13.204	19.622	28.269	40.492	55.699	73.891	98.930

（2）风沙地区施工增加费。

风沙地区施工增加费是指在沙漠地区施工时,由于受风沙影响,按照施工及验收规范的要求,为保证工程质量和安全生产而增加的有关费用,包括防风、防沙及气候影响的措施费,人工、机械效率降低增加的费用,以及积沙、风蚀的清理修复等费用。

全国风沙地区公路施工区划分表（文本）

①全国风沙地区公路施工区划分见《公路工程基本建设项目概算预算编制办法》（JTG 3830—2018）附录 F。当地气象资料及自然特征与附录 F 中的风沙地区划分有较大出入时,由项目所在地省级交通运输主管部门按当地气象资料和自然特征及上述划分标准确定工程所在地的风沙区划。

②一条路线穿过两个以上不同的风沙区时,按路线长度经过不同的风沙区加权计算项目全线风沙地区施工增加费。

③风沙地区施工增加费以各类工程的定额人工费和定额施工机械使用费之和为基数,根据工程所在地的风沙区划及类别,按表3-9 的费率计算。

风沙地区施工增加费费率表（单位:%）　　　　表 3-9

工程类别	风沙一区			风沙二区			风沙三区		
	沙漠类型								
	固定	半固定	流动	固定	半固定	流动	固定	半固定	流动
土方	4.558	8.056	13.674	5.618	12.614	23.426	8.056	17.331	27.507
石方	0.745	1.490	2.981	1.014	2.236	3.959	1.490	3.726	5.216
运输	4.304	8.608	13.988	5.380	12.912	19.368	8.608	18.292	27.976
路面	1.364	2.727	4.932	2.205	4.932	7.567	3.365	7.137	11.025
隧道	0.261	0.522	1.043	0.355	0.783	1.386	0.522	1.304	1.826

续上表

工程类别	风沙一区			风沙二区			风沙三区		
	沙漠类型								
	固定	半固定	流动	固定	半固定	流动	固定	半固定	流动
构造物Ⅰ	3.968	6.944	11.904	4.960	10.912	16.864	6.944	15.872	23.808
构造物Ⅱ	3.254	5.694	9.761	4.067	8.948	13.828	5.694	13.015	19.523
构造物Ⅲ	2.976	5.208	8.928	3.720	8.184	12.648	5.208	11.904	17.226
技术复杂大桥	2.778	4.861	8.333	3.472	7.638	11.805	8.861	11.110	16.077
钢材及钢结构	1.035	2.070	4.140	1.409	3.105	5.498	2.070	5.175	7.245

（3）沿海地区施工增加费。

沿海地区施工增加费是指工程项目在沿海地区施工受海风、海浪和潮汐的影响,致使人工、机械效率降低等所需增加的费用。本项费用由沿海各省级交通运输主管部门制定具体的适用范围(地区)。沿海地区施工增加费以各类工程的定额人工费和定额施工机械使用费之和为基数,按表3-10的费率计算。

沿海地区施工增加费费率表（单位：%）　　　表3-10

工程类别	费率	工程类别	费率
构造物Ⅱ	0.207	构造物Ⅲ	0.195
技术复杂大桥	0.212	钢材及钢结构	0.200

注:1.构造物Ⅲ指桥梁工程所用的商品水泥混凝土浇筑及混凝土构件、钢构件的安装。
　　2.钢材及钢结构指桥梁工程所用的钢材及钢结构。

5.行车干扰施工增加费

行车干扰施工增加费是指由于边施工边维持通车,受行车干扰的影响,致使人工、机械效率降低而增加的费用。该费用以受行车影响部分的工程项目的定额人工费和定额施工机械使用费之和为基数,按表3-11的费率计算。

行车干扰施工增加费费率表（单位：%）　　　表3-11

工程类别	施工期间平均每昼夜双向行车次数(机动车、非机动车合计)							
	51～100	101～500	501～1000	1001～2000	2001～3000	3001～4000	4001～5000	5000以上
土方	1.499	2.343	3.194	4.118	4.775	5.314	5.885	6.468
石方	1.279	1.881	2.618	3.479	4.035	4.492	4.973	5.462
运输	1.451	2.230	3.041	4.001	4.641	5.164	5.719	6.285
路面	1.390	2.098	2.802	3.487	4.046	4.496	4.987	5.475
隧道	—	—	—	—	—	—	—	—
构造物Ⅰ	0.924	1.386	1.858	2.320	2.693	2.988	3.313	3.647
构造物Ⅱ	1.007	1.516	2.014	2.512	2.915	3.244	3.593	3.943
构造物Ⅲ	0.948	1.417	1.896	2.365	2.745	3.044	3.373	3.713
技术复杂大桥	—	—	—	—	—	—	—	—
钢材及钢结构	—	—	—	—	—	—	—	—

注:新建工程、中断交通进行封闭施工或为保证交通正常通行而修建保通便道的改(扩)建工程,不计行车干扰施工增加费。

6. 施工辅助费

施工辅助费包括生产工具用具使用费、检验试验费和工程定位复测、工程点交、场地清理等费用。施工辅助费以各类工程的定额直接费为基数，按表3-12的费率计算。

施工辅助费费率表（单位：%）   表3-12

工程类别	费率	工程类别	费率
土方	0.521	构造物Ⅰ	1.201
石方	0.470	构造物Ⅱ	1.537
运输	0.154	构造物Ⅲ	2.729
路面	0.818	技术复杂大桥	1.677
隧道	1.195	钢材及钢结构	0.564

（1）生产工具用具使用费是指施工所需不属于固定资产的生产工具，检验、试验用具及仪器、仪表等的购置、摊销和维修费，以及支付给生产工人自备工具的补贴费。

（2）检验试验费是指施工企业对建筑材料、构件和建筑安装工程进行一般鉴定、检查所发生的费用，包括自设试验室进行试验所耗用的材料和化学药品的费用，以及技术革新和研究试验费，不包括新结构、新材料的试验费和建设单位要求对具有出厂合格证明的材料进行检验、对构件破坏性进行试验及其他特殊要求检验的费用。

（3）高填方和软基沉降监测、高边坡稳定监测、桥梁施工监测、隧道施工监控量测、超前地质预报等施工监控费包含在施工辅助费中，不得另行计算。

7. 工地转移费

工地转移费是指施工企业迁至新工地的搬迁费用。

（1）工地转移费的内容包括：①施工单位职工及随职工迁移的家属向新工地转移的车费、家具行李运费、途中住宿费、行程补助费、杂费等；②公物、工具、施工设备器材、施工机械的运杂费，以及外租机械的往返费及施工机械、设备、公物、工具的转移费等；③非固定工人进退场的费用。

（2）工地转移费以各类工程的定额人工费和定额施工机械使用费之和为基数，按表3-13的费率计算。

工地转移费费率表（单位：%）   表3-13

工程类别	工地转移距离（km）					
	50	100	300	500	1000	每增加100
土方	0.224	0.301	0.470	0.614	0.815	0.036
石方	0.176	0.212	0.363	0.476	0.628	0.030
运输	0.157	0.203	0.315	0.416	0.543	0.025
路面	0.321	0.435	0.682	0.891	1.191	0.062
隧道	0.257	0.351	0.549	0.717	0.959	0.049
构造物Ⅰ	0.262	0.351	0.552	0.720	0.963	0.051
构造物Ⅱ	0.333	0.449	0.706	0.923	1.236	0.066
构造物Ⅲ	0.622	0.841	1.316	1.720	2.304	0.119
技术复杂大桥	0.389	0.523	0.818	1.067	1.430	0.073
钢材及钢结构	0.351	0.473	0.737	0.961	1.288	0.063

（3）高速公路、一级公路及独立大桥、独立隧道项目转移距离按省级人民政府所在地至工地的里程计算；二级及二级以下公路项目转移距离按地级城市所在地至工地的里程计算。

（4）当工地转移里程数在表列里程之间时，费率可内插计算。工地转移距离在50km以内的工程按50km计算。

8. 辅助生产间接费

辅助生产间接费是指由施工单位自行开采加工的砂、石等自采材料及施工单位自办的人工、机械装卸和运输的间接费。

（1）辅助生产间接费按定额人工费的3%计，该项费用并入材料预算单价内构成材料费，不直接出现在概（预）算中。

（2）高原地区施工单位的辅助生产，可按高原地区施工增加费费率，以定额人工费与施工机械费之和为基数计算高原地区施工增加费（其中：人工采集、加工材料、人工装卸、运输材料按土方费率计算；机械采集、加工材料按石方费率计算；机械装、运输材料按运输费率计算）。辅助生产高原地区施工增加费不作为辅助生产间接费的计算基数。

例 3-9

某二级沥青混凝土公路路面进行乳化沥青稀浆封层施工，项目所在地为陕西省宝鸡市，工地转移距离35km，直接费和定额直接费计算结果如例3-7所示，试计算该项目稀浆封层的措施费。

解： ①由《公路工程建设项目概算预算编制办法》（JTG 3830—2018）附录D、附录E可知：陕西省宝鸡市冬季施工气温区划为冬一区Ⅰ；雨季施工雨量区为Ⅰ，雨季期为2个月。

②工程稀浆封层施工的工程类别为路面工程。

③分别查表3-5、表3-6、表3-13中规定的相应费率，可知冬季施工增加费费率=0.566%，雨季施工增加费费率=0.230%，工地转移费费率=0.321%，则

措施费综合费率Ⅰ=0.566%+0.230%+0.321%=1.117%

工地转移距离为35km，按50km计算。

查表3-12可知施工辅助费费率，即措施费综合费率Ⅱ=0.818%。

④由例3-7可得

定额人工费=74991.17（元）

定额机械费=177040.81（元）

定额材料费=766777.19（元）

综合费用Ⅰ=（定额人工费+定额机械费）×措施费综合费率Ⅰ

$\qquad$ =（74991.17+177040.81）×1.117%=2815.20（元）

综合费用Ⅱ=定额直接费×措施费综合费率Ⅱ

$\qquad$ =（定额人工费+定额材料费+定额机械费）×措施费综合费率Ⅱ

$\qquad$ =（74991.17+766777.19+177040.81）×0.818%=1018809.17×0.818%

$\qquad$ =8333.86（元）

措施费=措施费综合费用Ⅰ+措施费综合费用Ⅱ

$\qquad$ =2815.20+8333.86=11149.06（元）

措施费费率填写方式详见本模块单元六编制示例的"综合费率计算表（04 表）"，措施费计算及填写方式详见该示例的"分项工程概（预）算表（21-2 表）"。

四、企业管理费

企业管理费由基本费用、主副食运费补贴、职工探亲路费、职工取暖补贴和财务费用五项组成。企业管理费用按式（3-12）计算。

$$企业管理费 = 定额直接费 × 企业管理费综合费率 \tag{3-12}$$

1. 基本费用

基本费用是指建筑安装企业组织施工生产和经营管理所需的费用。

（1）基本费用包括以下内容。

①管理人员工资：管理人员的基本工资、绩效工资、津贴补贴及特殊情况下支付的工资，以及缴纳的养老、医疗、失业、工伤保险费和住房公积金等。

②办公费：企业管理办公用的文具、纸张、账表、印刷、通信、网络、书报、办公软件、会议、水电、烧水和集体取暖降温（包括现场临时宿舍取暖降温）用煤（电、气）等费用。

③差旅交通费：职工因公出差、调动工作的差旅费、住勤补助费，市内交通费和误餐补助费，劳动力招募费，职工退休、退职一次性路费，工伤人员就医路费，以及管理部门使用的交通工具的油料、燃料等费用。

④固定资产使用费：管理部门及附属生产单位使用的属于固定资产的房屋、设备等的折旧、大修、维修或租赁费。

⑤工具用具使用费：企业管理使用的不属于固定资产的工具、器具、家具、交通工具和检验、试验、测绘、消防用具等的购置、维修和摊销费。

⑥劳动保险费：企业支付的离退休职工的易地安家补助费、职工退职金、6 个月以上的病假人员工资、职工死亡丧葬补助费、抚恤费、按规定支付给离休干部的各项经费。

⑦职工福利费：按国家规定标准计提的职工福利费。

⑧劳动保护费：企业按国家有关部门规定标准发放的劳动保护用品的购置费及修理费、防暑降温费、在有碍身体健康环境中施工的保健费用等。

⑨工会经费：企业根据《中华人民共和国工会法》的规定按全部职工工资总额比例计提的工会经费。

⑩职工教育经费：按职工工资总额的规定比例计提，企业为职工进行专业技术和职业技能培训、专业技术人员继续教育、职工职业技能鉴定、职业资格认定以及根据需要对职工进行各类文化教育所发生的费用，不含职工安全教育、培训费用。

⑪保险费：企业财产保险、管理用及生产用车辆等保险费用及人身意外伤害险的费用。

⑫工程排污费：施工现场按规定缴纳的排污费用。

⑬税金：企业按规定缴纳的城市维护建设税、教育费附加、地方教育附加、房产税、车船使用税、土地使用税、印花税等。

⑭其他：上述项目以外的其他必要的费用支出，包括技术转让费、技术开发费、竣（交）工文件编制费、招投标费、业务招待费、绿化费、广告费、公证费、定额测定费、法律顾问费、审计

费、咨询费以及施工标准化、规范化,精细化管理等费用。

（2）基本费用以各类工程的定额直接费为基数,按表3-14 的费率计算。

基本费用费率表（单位:%）   表3-14

工程类别	费率	工程类别	费率
土方	2.747	构造物Ⅰ	3.587
石方	2.792	构造物Ⅱ	4.726
运输	1.374	构造物Ⅲ	5.976
路面	2.427	技术复杂大桥	4.143
隧道	3.569	钢材及钢结构	2.242

2. 主副食运费补贴

主副食运费补贴是指施工企业在远离城镇及乡村的野外施工购买生活必需品所需增加的费用。该费用以各类工程的定额直接费为基数,按表3-15 的费率计算。

主副食运费补贴费率表（单位:%）   表3-15

工程类别	综合里程（km）										
	3	5	8	10	15	20	25	30	40	50	每增加10
土方	0.122	0.131	0.164	0.191	0.235	0.284	0.322	0.377	0.444	0.519	0.070
石方	0.108	0.117	0.149	0.175	0.218	0.261	0.293	0.346	0.405	0.473	0.063
运输	0.118	0.130	0.166	0.192	0.233	0.285	0.322	0.379	0.447	0.519	0.073
路面	0.066	0.088	0.119	0.130	0.165	0.194	0.224	0.259	0.308	0.356	0.051
隧道	0.096	0.104	0.130	0.152	0.185	0.229	0.260	0.304	0.359	0.418	0.054
构造物Ⅰ	0.114	0.120	0.145	0.167	0.207	0.254	0.285	0.338	0.394	0.463	0.062
构造物Ⅱ	0.126	0.140	0.168	0.196	0.242	0.292	0.338	0.394	0.467	0.540	0.073
构造物Ⅲ	0.225	0.248	0.303	0.352	0.435	0.528	0.599	0.705	0.831	0.969	0.132
技术复杂大桥	0.101	0.115	0.143	0.165	0.205	0.245	0.280	0.325	0.389	0.452	0.063
钢材及钢结构	0.104	0.113	0.146	0.168	0.207	0.247	0.281	0.331	0.387	0.449	0.062

注:综合里程 = 粮食运距×0.06 + 燃料运距×0.09 + 蔬菜运距×0.15 + 水运距×0.70,粮食、燃料、蔬菜、水的运距均为全线平均运距;当综合里程数在表列里程之间时,费率可内插;综合里程在3km 以内的工程,按3km 计取本项费用。

3. 职工探亲路费

职工探亲路费是指按照有关规定发放给施工企业职工在探亲期间发生的往返交通费和途中住宿费等费用。该费用以各类工程的定额直接费为基数,按表3-16 的费率计算。

职工探亲路费费率表（单位:%）   表3-16

工程类别	费率	工程类别	费率
土方	0.192	构造物Ⅰ	0.274
石方	0.204	构造物Ⅱ	0.348
运输	0.132	构造物Ⅲ	0.551
路面	0.159	技术复杂大桥	0.208
隧道	0.266	钢材及钢结构	0.164

4. 职工取暖补贴

职工取暖补贴是指按规定发放给施工企业职工的冬季取暖费和为职工在施工现场设置的临时取暖设施的费用。该费用以各类工程的定额直接费为基数,按工程所在地的气温区[见《公路工程建设项目概算预算编制办法》(JTG 3830—2018)附录 D]选用表 3-17 的费率计算。

职工取暖补贴费率表（单位:%）　　　表 3-17

工程类别	气温区						
	准二区	冬一区	冬二区	冬三区	冬四区	冬五区	冬六区
土方	0.060	0.130	0.221	0.331	0.436	0.554	0.663
石方	0.054	0.118	0.183	0.279	0.373	0.472	0.569
运输	0.065	0.130	0.228	0.336	0.444	0.552	0.671
路面	0.049	0.086	0.155	0.229	0.302	0.376	0.456
隧道	0.045	0.091	0.158	0.249	0.318	0.409	0.488
构造物 I	0.065	0.130	0.206	0.304	0.390	0.499	0.607
构造物 II	0.070	0.153	0.234	0.352	0.481	0.598	0.727
构造物 III	0.126	0.264	0.425	0.643	0.849	1.067	1.297
技术复杂大桥	0.059	0.120	0.203	0.310	0.406	0.501	0.609
钢材及钢结构	0.047	0.082	0.141	0.222	0.293	0.363	0.433

5. 财务费用

财务费用是指施工企业为筹集资金提供投标担保、预付款担保、履约担保、职工工资支付担保等所发生的各种费用,包括企业经营期间发生的短期贷款利息净支出、汇兑净损失、调剂外汇手续费、金融机构手续费,以及企业筹集资金发生的其他财务费用。财务费用以各类工程的定额直接费为基数,按表 3-18 的费率计算。

财务费用费率表（单位:%）　　　表 3-18

工程类别	费率	工程类别	费率
土方	0.271	构造物 I	0.466
石方	0.259	构造物 II	0.545
运输	0.264	构造物 III	1.094
路面	0.404	技术复杂大桥	0.637
隧道	0.513	钢材及钢结构	0.653

五、规费

规费是指按法律、法规、规章、规程规定施工企业必须缴纳的费用。

(1)规费包含以下内容。

①养老保险费:施工企业按规定标准为职工缴纳的基本养老保险费。

②失业保险费:施工企业按规定标准为职工缴纳的失业保险费。

③医疗保险费:施工企业按规定标准为职工缴纳的医疗保险费(含生育保险费)。

④工伤保险费:施工企业按规定标准为职工缴纳的工伤保险费。

⑤住房公积金:施工企业按规定标准为职工缴纳的住房公积金。

(2)各项规费以各类工程的人工费之和为基数,按国家或工程所在地法律、法规、规章、规程规定的标准计算。计算公式见式(3-13)。

$$规费 = (人工费 + 机械人工费) \times 规费费率 \qquad (3\text{-}13)$$

六、利润

利润是指施工企业完成所承包工程获得的盈利,按定额直接费、措施费及企业管理费之和的 7.42% 计算。计算公式见式(3-14)。

$$利润 = (定额直接费 + 措施费 + 企业管理费) \times 7.42\% \qquad (3\text{-}14)$$

七、税金

税金是指国家税法规定应计入建筑安装工程造价的增值税销项税额,按式(3-15)计算。

$$税金 = (直接费 + 设备购置费 + 措施费 + 企业管理费 + 规费 + 利润) \times 增值税税率$$

$$\qquad (3\text{-}15)$$

例 3-10

接例 3-9,某二级沥青混凝土公路路面进行乳化沥青稀浆封层施工,主副食运费补贴综合里程为 5km,规费按陕西省补充定额费率 33.36% 计算,试计算该工程的企业管理费、规费、利润、税金。

解:①由例 3-9 得到该稀浆封层的直接费为 1093621.73 元,定额直接费为 1018809.17 元。

②稀浆封层工程类别为路面工程。

③分别查表 3-14 ~ 表 3-18 中规定的相应费率,可知企业管理基本费用费率 = 2.427%,主副食运费补贴费率 = 0.088%,职工探亲路费费率 = 0.159%,职工取暖补贴费率 = 0.086%,财务费用费率 = 0.404%,则

企业管理费综合费率 = 2.427% + 0.088% + 0.159% + 0.086% + 0.404% = 3.164%

企业管理费 = 1018809.17 × 3.164% = 32235.12(元)

④规费的基数是各类人工费之和,即包含人工费和机械工费用两个部分。

人工费 = 74715.98 + (0.3 × 1 + 0.29 × 2 + 0.22 × 1) × 144 × 105.89 = 91488.96(元)

查陕西省交通厅发布的相关文件,可知陕西省规费的综合费率为 33.36%,则

规费 = 91488.96 × 33.36% = 30520.72(元)

⑤利润 = (定额直接费 + 措施费 + 企业管理费) × 7.42%

$\qquad$ = (1018809.17 + 11149.06 + 32235.12) × 7.42% = 78814.75(元)

⑥税金 = (直接费 + 设备购置费 + 措施费 + 企业管理费 + 规费 + 利润) × 9%

$\qquad$ = (1093621.73 + 0 + 11149.06 + 32235.12 + 30520.72 + 78814.75) × 9%

$\qquad$ = 1246341.38 × 9% = 112170.72(元)

八、专项费用

专项费用包括施工场地建设费和安全生产费。

1. 施工场地建设费

施工场地建设费包括:

(1)按照工地建设标准化要求进行承包人驻地、工地试验室建设,钢筋集中加工、混合料集中拌制、构件集中预制等所需的办公、生活居住房屋(包括职工家属房屋及探亲房屋),公用房屋(如广播室、文体活动室、医疗室等)和生产用房屋(如仓库、加工厂、加工棚、发电站、变电站、空压机站、停机棚、值班室等)等的费用。

(2)包括场区平整(山岭重丘区的土石方工程除外)、场地硬化、排水、绿化、标志、污水处理设施、围墙隔离设施等的费用,不包括钢筋加工的机械设备、混合料拌和设备及安拆,预制构件台座、预应力张拉设备、起重及养护设备,以及概算、预算定额中临时工程的费用。

(3)包括以上范围内的各种临时工作便道(包括汽车、人力车道)、人行便道,工地临时用水、用电的水管支线和电线支线,临时构筑物(如水井、水塔等)、其他小型临时设施等的搭设或租赁、维修、拆除、清理的费用;但不包括红线范围内贯通便道、进出场的临时道路、保通便道的费用。

(4)工地试验室所发生的属于固定资产的试验设备和仪器等折旧、维修或租赁费用。

(5)施工扬尘污染防治措施费:裸露的施工场地覆盖防尘网、施工便道和施工场地洒水或喷洒抑尘剂,运输车辆的苫盖和冲洗、环境敏感区设置围挡,防尘标识设置,环境监控与检测等所需要的费用。

(6)文明施工、职工健康生活的费用。

施工场地建设费以施工场地计费基数,按表3-19 的费率,以累进方法计算。施工场地计费基数为定额建筑安装工程费减专项费用。

施工场地建设费费率表　　　　　　　　　　　　　　　　表 3-19

施工场地计费基数 (万元)	费率 (%)	算例(万元)	
		施工场地计费基数	施工场地建设费
500 及以下	5.338	500	$500 \times 5.338\% = 26.69$
500~1000	4.228	1000	$26.69 + (1000 - 500) \times 4.228\% = 47.83$
1000~5000	2.665	5000	$47.83 + (5000 - 1000) \times 2.665\% = 154.43$
5000~10000	2.222	10000	$154.43 + (10000 - 5000) \times 2.222\% = 265.53$
10000~30000	1.785	30000	$265.53 + (30000 - 10000) \times 1.785\% = 622.53$
30000~50000	1.694	50000	$622.53 + (50000 - 30000) \times 1.694\% = 961.33$
50000~100000	1.579	100000	$961.33 + (100000 - 50000) \times 1.579\% = 1750.83$
100000~150000	1.498	150000	$1750.83 + (150000 - 100000) \times 1.498\% = 2499.83$
150000~200000	1.415	200000	$2499.83 + (200000 - 150000) \times 1.415\% = 3207.33$
200000~300000	1.348	300000	$3207.33 + (300000 - 200000) \times 1.348\% = 4555.33$
300000~400000	1.289	400000	$4555.33 + (400000 - 300000) \times 1.289\% = 5844.33$

续上表

施工场地计费基数 （万元）	费率 （%）	算例（万元）	
		施工场地计费基数	施工场地建设费
400000 ~ 600000	1.235	600000	$5844.33 + (600000 - 400000) \times 1.235\% = 8314.33$
600000 ~ 800000	1.188	800000	$8314.33 + (800000 - 600000) \times 1.188\% = 10690.33$
800000 ~ 1000000	1.149	1000000	$10690.33 + (1000000 - 800000) \times 1.149\% = 12988.33$
1000000 以上	1.118	1200000	$12988.33 + (1200000 - 1000000) \times 1.118\% = 15224.33$

2.安全生产费

安全生产费包括完善、改造和维护安全设施设备费用，配备、维护、保养应急救援器材、设备费用，开展重大危险源和事故隐患评估和整改费用，安全生产检查、评价、咨询费用，配备和更新现场作业人员安全防护用品支出，安全生产宣传、教育、培训费用，安全设施及特种设备检测检验费用，施工安全风险评估、应急演练等有关工作及其他与安全生产直接相关的费用。

安全生产费按建筑安装工程费（不包含安全生产费本身）乘以安全生产费费率计算[式(3-16)]费率按不少于1.5%计取。

$$安全生产费 = 建筑安装工程费（不包含安全生产费本身）\times 安全生产费费率 \quad (3-16)$$

例 3-11

已知某公路工程定额直接费为 21143449 元，直接费为 24798479 元，设备购置费为 55620 元，措施费为 210875 元，企业管理费为 675323 元，规费为 186330 元，利润为 1634599 元，税金为 2398503 元，试计算该项目的专项费用。

解：①施工场地建设费的计算基数 = 定额直接费 + 措施费 + 企业管理费 + 规费 + 利润 + 税金 = $21143449 + 210875 + 675323 + 186330 + 1634599 + 2398503 = 26249079$（元）。

查表 3-19，按照累进方法计算，有

施工场地建设费 = $47.83 + (2624.9079 - 1000) \times 2.665\% = 91.1338$（万元）

②安全生产费 = 建筑安装工程费（不含安全生产费本身）× 安全生产费费率

= （直接费 + 设备购置费 + 措施费 + 企业管理费 + 规费 + 利润 + 税金）× 1.5%

= $(24798479 + 55620 + 210875 + 675323 + 186330 + 1634599 + 2398503) \times 1.5\%$

= $29959729 \times 1.5\% = 449396$（元）

③专项费用 = 施工场地建设费 + 安全生产费 = $911338 + 449396 = 1360734$（元）。

单元三　土地使用及拆迁补偿费的计算

引导语

土地使用及拆迁补偿费是概（预）算总金额的第二部分，本单元要求学习者了解土地使用及拆迁补偿费的组成和计算方法，完成教材配套的工作页"学习任务 2：施工图预算编制专项训练"中土地使用及拆迁补偿费的计算，熟悉相关表格的填写方法。

相关知识

一、土地使用及拆迁补偿费

土地使用及拆迁补偿费包含永久占地费、临时占地费、拆迁补偿费、水土保持补偿费、其他费用。

（1）永久占地费包括土地补偿费、征用耕地安置补助费、耕地开垦费、森林植被恢复费、失地农民养老保险费。

①土地补偿费包括征地补偿费、被征用土地上的青苗补偿费、征用城市郊区的菜地等缴纳的菜地开发建设基金、耕地占用税、用地图编制费及勘界费等。

②征用耕地安置补助费是指征用耕地需要安置农业人口的补助费。

③耕地开垦费是指公路建设项目占用耕地的，应由建设项目法人（业主）负责补充耕地所发生的费用；没有条件开垦或者开垦的耕地不符合要求的，按规定缴纳的耕地开垦费。公路建设项目发生跨省域补充耕地国家统筹的，应执行《国务院办公厅关于印发跨省域补充耕地国家统筹管理办法和城乡建设用地增减挂钩节余指标跨省域调剂管理办法的通知》（国办发〔2018〕16 号）的规定；发生省内跨区域补充耕地的，执行本省相关规定。

④森林植被恢复费是指公路建设项目需要占用、征用林地的，经县级以上林业主管部门审核同意或批准，建设项目法人（业主）单位按照省级人民政府有关规定向县级以上林业主管部门预缴的森林植被恢复费。

⑤失地农民养老保险费是指根据国家规定为保障依法被征地农民养老而交纳的保险费用。失地农民养老保险费按项目所在地省级人民政府的相关规定进行计算。

（2）临时占地费包括临时征地使用费、复耕费。

①临时征地使用费是指为满足施工所需的承包人驻地、预制场、拌和场、仓库、加工厂（棚）、堆料场、取弃土场、进出场便道、便桥等所有的临时用地及其附着物的补偿费用。

②复耕费是指临时占用的耕地、鱼塘等，在工程交工后将其恢复到原有标准所发生的费用。

（3）拆迁补偿费是指被征用或占用土地地上、地下的房屋及附属构筑物，公用设施、文物等的拆除、发掘及迁建补偿费，拆迁管理费等。

（4）水土保持补偿费根据国家相关法律、法规规定缴纳。

（5）其他费用是指国务院行政主管部门及省级人民政府规定的与征地拆迁相关的费用。

二、土地使用及拆迁补偿费计算方法

土地使用及拆迁补偿费应根据设计文件确定的建设工程用地和临时用地面积及其附着物的情况，以及实际发生的费用项目，按国家有关规定及工程所在地的省（区、市）颁布的有关规定和标准计算。

森林植被恢复费应根据审批单位批准的建设工程占用林地的类型及面积,按国家有关规定及工程所在地的省(区、市)颁布的有关规定和标准计算。

当与原有的电力电信设施、管线、水利工程、铁路及铁路设施互相干扰时,应与有关部门联系,商定合理的解决方案和补偿金额,也可由这些部门按规定编制费用以确定补偿金额。

水土保持补偿费按各省(区、市)制定的水土保持补偿费收费标准进行计算。

单元四 公路工程建设其他费的计算

引导语

本单元沿用某二级公路路面工程施工图预算文件的编制任务为教学案例,要求结合案例内容,详细分析施工图预算中公路工程建设其他费的计算方法,完成教材配套的工作页"学习任务2:施工图预算编制专项训练"中工程建设其他费的计算,填写相关计算表格,实现学习目标。

相关知识

公路工程建设其他费是公路工程概(预)算费用的第三部分,包括建设项目管理费、研究试验费、建设项目前期工作费、专项评价(估)费、联合试运转费、生产准备费、工程保通管理费、工程保险费、其他相关费用。

一、建设项目管理费

建设项目管理费包括建设单位(业主)管理费、建设项目信息化费、工程监理费、设计文件审查费、竣(交)工验收试验检测费。其中建设单位(业主)管理费、建设项目信息化费和工程监理费均为实施建设项目管理的费用,可根据建设单位(业主)、施工、监理单位所实际承担的工作内容和工作量统筹使用。

(一)建设单位(业主)管理费

建设单位(业主)管理费是指建设单位(业主)为进行建设项目的立项、筹建、建设、竣(交)工验收、总结等工作所发生的费用。

建设单位(业主)管理费包括工作人员的工资、工资性津贴、施工现场津贴,社会保险费用(基本养老、基本医疗、失业、工伤保险)、住房公积金、职工福利费、工会经费、劳动保护费,办公费、会议费、差旅交通费、固定资产使用费(包括办公及生活房屋折旧、维修或租赁费,车辆折旧、维修、使用或租赁费,通信设备购置、使用费,测量、试验设备仪器折旧、维修或租赁费,其他设备折旧、维修或租赁费等)、零星固定资产购置费、招募生产工人费、技术图书资料费、职工教育培训经费,招标管理费,合同契约公证费、法律顾问费、咨询费,建设单位的临时设施费、完工清理费、竣(交)工验收费[含其他行业或部门要求的竣工验收费用、建设单位负责的竣(交)工文件编制费]、各种税费(包括房产税、车船使用税、印花税等),对建设项目前期工作、项目实施及竣工决算等全过程进行审计所发生的审计费用,境内外融资费用(不含建设期贷款利息)、业务招待费及工程质量、安全生产管理费和其他管理性开支。

建设单位(业主)管理费以定额建筑安装工程费为基数,按表3-20的费率以累进方法计算。

建设单位(业主)管理费费率表　　　　表3-20

定额建筑安装工程费(万元)	费率(%)	算例(万元)	
		定额建筑安装工程费	建设单位(业主)管理费
500 及以下	4.858	500	$500 \times 4.858\% = 24.29$
500 ~ 1000	3.813	1000	$24.29 + (1000 - 500) \times 3.813\% = 43.355$
1000 ~ 5000	3.049	5000	$43.355 + (5000 - 1000) \times 3.049\% = 165.315$
5000 ~ 10000	2.562	10000	$165.315 + (10000 - 5000) \times 2.562\% = 293.415$
10000 ~ 30000	2.125	30000	$293.415 + (30000 - 10000) \times 2.125\% = 718.415$
30000 ~ 50000	1.773	50000	$718.415 + (50000 - 30000) \times 1.773\% = 1073.015$
50000 ~ 100000	1.312	100000	$1073.015 + (100000 - 50000) \times 1.312\% = 1729.015$
100000 ~ 150000	1.057	150000	$1729.015 + (150000 - 100000) \times 1.057\% = 2257.515$
150000 ~ 200000	0.826	200000	$2257.515 + (200000 - 150000) \times 0.826\% = 2670.515$
200000 ~ 300000	0.595	300000	$2670.515 + (300000 - 200000) \times 0.595\% = 3265.515$
300000 ~ 400000	0.498	400000	$3265.515 + (400000 - 300000) \times 0.498\% = 3763.515$
400000 ~ 600000	0.450	600000	$3763.515 + (600000 - 400000) \times 0.450\% = 4663.515$
600000 ~ 800000	0.400	800000	$4663.515 + (800000 - 600000) \times 0.400\% = 5463.515$
800000 ~ 1000000	0.375	1000000	$5463.515 + (1000000 - 800000) \times 0.375\% = 6213.515$
1000000 以上	0.350	1200000	$6213.515 + (1200000 - 1000000) \times 0.350\% = 6913.515$

双洞长度超过5000m的独立隧道,水深大于15m、跨径大于或等于400m的斜拉桥和跨径大于或等于800m的悬索桥等独立特大型桥梁工程的建设单位(业主)管理费,按表3-20中的费率乘以系数1.3计算;海上工程[指由于风浪影响,工程施工期(不包括封冻期)全年月平均工作日少于15d的工程]建设单位(业主)管理费,按表3-20中的费率乘以系数1.2计算。

(二)建设项目信息化费

建设项目信息化费是指建设单位(业主)和各参建单位用于建设项目的质量、安全进度、费用等方面的信息化建设、运维及各种税费等费用,包括建设项目全寿命周期的建筑信息模型等相关费用。建设项目信息化费以定额建筑安装工程费为基数,按表 3-21 的费率以累进方法计算。

建设项目信息化费费率表 表 3-21

定额建筑安装工程费（万元）	费率（%）	算例(万元)	
		定额建筑安装工程费	建设项目信息化费
500 及以下	0.600	500	$500 \times 0.600\% = 3$
500 ~ 1000	0.452	1000	$3 + (1000 - 500) \times 0.452\% = 5.26$
1000 ~ 5000	0.356	5000	$5.26 + (5000 - 1000) \times 0.356\% = 19.5$
5000 ~ 10000	0.285	10000	$19.5 + (10000 - 5000) \times 0.285\% = 33.75$
10000 ~ 30000	0.252	30000	$33.75 + (30000 - 10000) \times 0.252\% = 84.15$
30000 ~ 50000	0.224	50000	$84.15 + (50000 - 30000) \times 0.224\% = 128.95$
50000 ~ 100000	0.202	100000	$128.95 + (100000 - 50000) \times 0.202\% = 229.95$
100000 ~ 150000	0.171	150000	$229.95 + (150000 - 100000) \times 0.171\% = 315.45$
150000 ~ 200000	0.160	200000	$315.45 + (200000 - 150000) \times 0.160\% = 395.45$
200000 ~ 300000	0.142	300000	$395.45 + (300000 - 200000) \times 0.142\% = 537.45$
300000 ~ 400000	0.135	400000	$537.45 + (400000 - 300000) \times 0.135\% = 672.45$
400000 ~ 600000	0.131	600000	$672.45 + (600000 - 400000) \times 0.131\% = 934.45$
600000 ~ 800000	0.127	800000	$934.45 + (800000 - 600000) \times 0.127\% = 1188.45$
800000 ~ 1000000	0.125	1000000	$1188.45 + (1000000 - 800000) \times 0.125\% = 1438.45$
1000000 以上	0.122	1200000	$1438.45 + (1200000 - 1000000) \times 0.122\% = 1682.45$

(三) 工程监理费

工程监理费是指建设单位(业主)委托具有监理资格的单位,按施工监理规范进行全面的监督和管理所发生的费用。

工程监理费内容包括工作人员的工资、工资性津贴、施工现场津贴、社会保险费用(基本养老、基本医疗,失业、工伤保险)、住房公积金、职工福利费、工会经费、劳动保护费,办公费、会议费、差旅交通费,办公、试验固定资产使用费(包括办公及生活房屋折旧、维修或租赁费,车辆折旧、维修、使用或租赁费,通信设备购置、使用费,测量、试验、检测设备仪器折旧、维修或租赁费,其他设备折旧、维修或租赁费等)、零星固定资产购置费、招募生产工人费,技术图书资料费、职工教育经费、投标费用,合同契约公证费、法律顾问费、咨询费、业务招待费,财务费用、监理单位的临时设施费、完工清理费、竣(交)工验收费、各种税费、安全生产管理费和其他管理性开支。

工程监理费以定额建筑安装工程费为基数,按表 3-22 的费率以累进方法计算。

工程监理费费率表 表 3-22

定额建筑安装工程费(万元)	费率(%)	算例(万元)	
		定额建筑安装工程费	工程监理费
500 及以下	3.00	500	$500 \times 3.00\% = 15$
500 ~ 1000	2.40	1000	$15 + (1000 - 500) \times 2.40\% = 27$
1000 ~ 5000	2.10	5000	$27 + (5000 - 1000) \times 2.10\% = 111$
5000 ~ 10000	1.94	10000	$111 + (10000 - 5000) \times 1.94\% = 208$
10000 ~ 30000	1.87	30000	$208 + (30000 - 10000) \times 1.87\% = 582$
30000 ~ 50000	1.83	50000	$582 + (50000 - 30000) \times 1.83\% = 948$
50000 ~ 100000	1.78	100000	$948 + (100000 - 50000) \times 1.78\% = 1838$
100000 ~ 150000	1.72	150000	$1838 + (150000 - 100000) \times 1.72\% = 2698$
150000 ~ 200000	1.64	200000	$2698 + (200000 - 150000) \times 1.64\% = 3518$
200000 ~ 300000	1.55	300000	$3518 + (300000 - 200000) \times 1.55\% = 5068$
300000 ~ 400000	1.49	400000	$5068 + (400000 - 300000) \times 1.49\% = 6558$
400000 ~ 600000	1.45	600000	$6558 + (600000 - 400000) \times 1.45\% = 9458$
600000 ~ 800000	1.42	800000	$9458 + (800000 - 600000) \times 1.42\% = 12298$
800000 ~ 1000000	1.37	1000000	$12298 + (1000000 - 800000) \times 1.37\% = 15038$
1000000 以上	1.33	1200000	$15038 + (1200000 - 1000000) \times 1.33\% = 17698$

(四)设计文件审查费

设计文件审查费是指在项目审批前,建设单位(业主)为保证勘察设计工作的质量,组织有关专家或委托有资质的单位,对提交的建设项目可行性研究报告和勘察设计文件进行审查所需要的相关费用。设计文件审查费以定额建筑安装工程费为基数,按表 3-23 的费率以累进方法计算。

设计文件审查费费率表 表 3-23

定额建筑安装工程费(万元)	费率(%)	算例(万元)	
		定额建筑安装工程费	设计文件审查费
5000 以下	0.077	5000	$5000 \times 0.077\% = 3.85$
5000 ~ 10000	0.072	10000	$3.85 + (10000 - 5000) \times 0.072\% = 7.45$
10000 ~ 30000	0.069	30000	$7.45 + (30000 - 10000) \times 0.069\% = 21.25$
30000 ~ 50000	0.066	50000	$21.25 + (50000 - 30000) \times 0.066\% = 34.45$
50000 ~ 100000	0.065	100000	$34.45 + (100000 - 50000) \times 0.065\% = 66.95$
100000 ~ 150000	0.061	150000	$66.95 + (150000 - 100000) \times 0.061\% = 97.45$
150000 ~ 200000	0.059	200000	$97.45 + (200000 - 150000) \times 0.059\% = 126.95$
200000 ~ 300000	0.057	300000	$126.95 + (300000 - 200000) \times 0.057\% = 183.95$

续上表

定额建筑安装 工程费 (万元)	费率 (%)	算例(万元)	
		定额建筑安装 工程费	设计文件审查费
300000 ~ 400000	0.055	400000	183.95 + (400000 − 300000)×0.055% = 238.95
400000 ~ 600000	0.053	600000	238.95 + (600000 − 400000)×0.053% = 344.95
600000 ~ 800000	0.052	800000	344.95 + (800000 − 600000)×0.052% = 448.95
800000 ~ 1000000	0.051	1000000	448.95 + (800000 − 600000)×0.051% = 550.95
1000000 以上	0.050	1200000	550.95 + (800000 − 600000)×0.050% = 650.95

建设项目若有地质勘察监理,费用计入此项目开支。

建设项目若有设计咨询(或称设计监理、设计双院制),费用计入此项目开支。

(五)竣(交)工验收试验检测费

竣(交)工验收试验检测费是指在公路建设项目竣(交)工验收前,由建设单位(业主)或工程质量监督机构委托有资质的公路工程质量检测单位按照有关规定对建设项目的工程质量进行检测并出具检测试验意见,以及进行桥梁动(静)载试验或其他特殊检测等所需的费用。

竣(交)工验收试验检测费按表3-24规定的费率计算。道路工程按主线路基长度计算,桥梁工程以主线桥梁、分离式立交、匝道桥的长度之和进行计算,隧道按单洞长度计算。

竣(交)工验收试验检测费 表3-24

检测项目		竣(交)工验收试验 检测费	备注
道路工程 (元/km)	高速公路	23500	包括路基、路面、涵洞、通道、路段安全设施和机电、房建、绿化、环境保护及其他工程
	一级公路	17000	
	二级公路	11500	
	三级及三级以下公路	5750	
桥梁工程	一般桥梁(元/延米)	40	包括桥梁范围内的所有土建、安全设施和机电、声屏障等环境保护工程及必要的动(静)载试验
	技术复杂桥梁 (元/延米) 钢管拱	750	
	技术复杂桥梁 (元/延米) 连续刚构	500	
	技术复杂桥梁 (元/延米) 斜拉桥	600	
	技术复杂桥梁 (元/延米) 悬索桥	560	
隧道工程 (元/延米)	单洞	80	包括隧道范围内的所有土建、安全设施、机电、消防设施等

对于道路工程,高速公路一级公路按四车道计算,二级及二级以下公路按两车道计算,每增加1个车道,按表3-24的费用增加10%;桥梁和隧道按双向四车道计算,每增加1个车道,按表3-24的费用增加15%。二级及二级以下公路的桥梁和隧道工程,按表3-24费用的40%计算。

二、研究试验费

研究试验费是指按项目特点和有关规定,在建设过程中必须进行的研究和试验所需的费用,以及支付科技成果、专利、先进技术的一次性技术转让费。

(1)研究试验费不包括以下费用:

①应由前期工作费(为建设项目提供或验证设计数据、资料等专题研究)开支的项目。

②应由科技三项费用(即新产品试制费、中间试验费和重要科学研究补助费)开支的项目。

③应由施工辅助费开支的施工企业对建筑材料、构件和建筑物进行一般鉴定、检查所发生的费用及技术革新研究试验费。

(2)计算方法:按设计提出的研究试验内容和要求进行编制。

三、建设项目前期工作费

建设项目前期工作费是指委托勘察设计单位、咨询单位对建设项目进行可行性研究、工程勘察设计,以及设计、监理、施工招标文件及招标标底或造价控制值文件编制时,按规定应支付的费用。

建设项目前期工作费包括以下内容。

(1)编制项目建议书(或预可行性研究报告)、可行性研究报告、投资估算,以及相应的勘察、设计等所需的费用。

(2)风洞试验、地震动参数、索塔足尺模型试验、桥墩局部冲刷试验、桩基承载力试验等为建设项目提供或验证设计数据所需的专题研究费用。

(3)初步设计和施工图设计的勘察费、设计费、概(预)算编制及调整概算编制费用等。

(4)设计、监理、施工招标及招标标底(或造价控制值或清单预算)文件编制费等。

建设项目前期工作费以定额建筑安装工程费为基数,按表3-25的费率以累进方法计算。

建设项目前期工作费费率表　　　　　　　　　　表3-25

定额建筑安装工程费(万元)	费率(%)	算例(万元)	
		定额建筑安装工程费	建设项目前期工作费
500 及以下	3.00	500	$500 \times 3.00\% = 15$
500~1000	2.70	1000	$15 + (1000 - 500) \times 2.70\% = 28.5$
1000~5000	2.55	5000	$28.5 + (5000 - 1000) \times 2.55\% = 130.5$
5000~10000	2.46	10000	$130.5 + (10000 - 5000) \times 2.46\% = 253.5$
10000~30000	2.39	30000	$253.5 + (30000 - 10000) \times 2.39\% = 731.5$
30000~50000	2.34	50000	$731.5 + (50000 - 30000) \times 2.34\% = 1199.5$
50000~100000	2.27	100000	$1199.5 + (100000 - 50000) \times 2.27\% = 2334.5$
100000~150000	2.19	150000	$2334.5 + (150000 - 100000) \times 2.19\% = 3429.5$

续上表

定额建筑安装工程费（万元）	费率（%）	算例（万元）	
		定额建筑安装工程费	建设项目前期工作费
150000 ~ 200000	2.08	200000	$3429.5 + (200000 - 150000) \times 2.08\% = 4469.5$
200000 ~ 300000	1.99	300000	$4469.5 + (300000 - 200000) \times 1.99\% = 6459.5$
300000 ~ 400000	1.94	400000	$6459.5 + (400000 - 300000) \times 1.94\% = 8399.5$
400000 ~ 600000	1.86	600000	$8399.5 + (600000 - 400000) \times 1.86\% = 12119.5$
600000 ~ 800000	1.80	800000	$12119.5 + (800000 - 600000) \times 1.80\% = 15719.5$
800000 ~ 1000000	1.76	1000000	$15719.5 + (1000000 - 800000) \times 1.76\% = 19239.5$
1000000 以上	1.72	1200000	$19239.5 + (1200000 - 1000000) \times 1.72\% = 22679.5$

四、专项评价（估）费

专项评价（估）费是指依据国家法律、法规规定进行评价（估）咨询，按规定应支付的费用。

专项评价（估）费包括环境影响评价费、水土保持评估费、地震安全性评价费、地质灾害危险性评价费、压覆重要矿床评估费、文物勘察费、通航论证费、行洪论证（评估）费、使用林地可行性研究报告编制费、用地预审报告编制费、项目风险评估费、节能评估费和社会风险评估费、放射性影响评估费、规划选址意见书编制费等费用。依据委托合同或参照类似工程已发生的费用进行计列。

五、联合试运转费

联合试运转费是指建设项目的机电工程，按照有关规定标准，需要进行整套设备带负荷联合试运转所需的全部费用，不包括应由设备安装工程费中开支的调试费用。

联合试运转费用包括联合试运转期间所需的材料、燃料和动力的消耗，机械和检测设备使用费，工具用具和低值易耗品费，参加联合试运转的人员工资及其他费用等。联合试运转费以定额建筑安装工程费为基数，按 0.04% 费率计算。

六、生产准备费

生产准备费是指为保证新建、改（扩）建项目交付使用后满足正常的运行和管理发生的工器具购置、办公和生活用家具购置、生产人员培训、应急保通设备购置等费用。

（一）工器具购置费

工器具购置费是指建设项目交付使用后为满足初期正常运营必须购置的第一套不构成固定资产的设备、仪器、仪表、工卡模具、器具、工作台（框、架、柜）等的费用，不包括构成固定资产的设备、工器具和备品、备件，及已列入设备费中的专用工具和备品、备件。该费用由设计单位列出计划购置清单（包括规格、型号、数量），计算方法同设备购置费。

（二）办公和生活用家具购置费

办公和生活用家具购置费是指为保证新建、改（扩）建工程项目初期正常生产、使用和管理所购置的办公和生活用家具、用具的费用，包括行政、生产部门的办公室、会议室、资料档案室、阅览室、宿舍及生活福利设施等的家具、用具。办公和生活用家具购置费按表3-26的规定计算。

办公和生活用家具购置费标准表　　　　　　　　　　表3-26

工程所在地	路线 （元/公路公里）				单独管理或单独收费的桥梁、隧道 （元/座）		
	高速公路	一级公路	二级公路	三、 四级公路	特大、大桥		特长隧道
					一般桥梁	技术复杂 大桥	
内蒙古、黑龙江、青海、新疆、西藏	21500	15600	7800	4000	24000	60000	78000
其他省（区、市）	17500	14600	5800	2900	19800	49000	63700

注：改（扩）建工程按表列费用的70%计。

（三）生产人员培训费

生产人员培训费是指为保证生产的正常运行，在工程交工验收交付使用前对运营部门生产人员和管理人员进行培训所需的费用，包括培训人员的工资、工资性津贴、职工福利费、差旅交通费、劳动保护费、培训及教学实习费等。该费用按设计定员和3000元/人的标准计算。

（四）应急保通设备购置费

应急保通设备购置费是指新建、改（扩）建工程项目，为满足初期正常营运，购置保障抢修保通、应急处置，且构成固定资产的设备所需的费用。该费用由设计单位列出计划购置清单，计算方法同设备购置费。

七、工程保通管理费

工程保通管理费是指新建或改（扩）建工程需边施工边维持通车或通航的建设项目，为保证公（铁）路运营安全、船舶航行安全及施工安全而进行交通（公路、航道、铁路）管制、交通（铁路）与船舶疏导所需的和媒体、公告等宣传费用及协管人员经费等。工程保通管理费应按设计需要进行列支。涉水项目施工期通航安全保障费用计算方法按《公路工程建设项目概算预算编制办法》（JTG 3830—2018）附录G执行。

八、工程保险费

工程保险费是指在合同执行期内，施工企业按合同条款要求办理保险的费用，包括建筑工程一切险和第三方责任险。

（1）建筑工程一切险是为永久工程、临时工程和设备及已运至施工工地用于永久工程的材料和设备所投的保险。

（2）第三方责任险是对因实施合同工程而造成的财产（本工程除外）损失或损害，或人员（业主和承包人雇员除外）的死亡或伤残所负责进行的保险。

（3）工程保险费以建筑安装工程费（不含设备费）为基数，按 0.4% 费率计算。

九、其他相关费用

其他相关费用是指国务院行政主管部门及省级人民政府规定的其他与公路建设相关的费用，按其相关规定计算。

例 3-12

接例 3-11，已知此二级工程定额直接费为 21143449 元，定额设备购置费为 51282 元，措施费为 210875 元，企业管理费为 675323 元，规费为 186330 元，利润为 1634599 元，税金为 2398503 元，专项费用为 1360601 元。试计算该项目的工程建设其他费。

解：（1）计算定额建筑安装工程费

$$定额建筑安装工程费 = 定额直接费 + 定额设备购置费 \times 40\% + 措施费 + 企业管理费 + 规费 +$$
$$利润 + 税金 + 专项费用$$
$$= 21143449 + 51282 \times 40\% + 210875 + 675323 + 186330 + 1634599 +$$
$$2398503 + 1360601$$
$$= 27630193（元）$$

（2）计算建设项目管理费

$$建设项目管理费 = 建设单位（业主）管理费 + 建设项目信息化费 + 工程质量监理费 + 设$$
$$计文件审查费 + 竣（交）工验收试验检测费$$

①建设单位（业主）管理费 = $43.355 + (2763.0193 - 1000) \times 3.049\% = 97.1095（万元）$；

②建设项目信息化费 = $5.26 + (2763.0193 - 1000) \times 0.356\% = 11.5363（万元）$；

③工程质量监理费 = $27 + (2763.0193 - 1000) \times 2.1\% = 64.0234（万元）$；

④设计文件审查费 = $2763.0193 \times 0.077\% = 2.1275（万元）$；

⑤竣（交）工验收试验检测费 = $6 \times 11500 = 6.9（万元）$。

建设项目管理费 = $97.1095 + 11.5363 + 64.0234 + 2.1275 + 6.9 = 181.6967（万元）$

（3）计算建设项目前期工作费

建设项目前期工作费 = $28.5 + (2763.0193 - 1000) \times 2.55\% = 73.4570（万元）$

（4）计算联合试运转费

联合试运转费按 0.04% 计，即 $2763.0193 \times 0.04\% = 1.1052（万元）$

工程建设其他费的计算及填写方式详见本模块单元六编制示例的"工程建设其他费计算表（08 表）"。

单元五 预备费和建设期贷款利息

引导语

本单元沿用某二级公路路面工程施工图预算文件的编制任务为教学案例,要求掌握预备费和建设期贷款利息的构成和计算方法,完成教材配套的工作页"学习任务 2:施工图预算编制专项训练"中预备费和建设期贷款利息的计算。

相关知识

一、预备费

预备费由基本预备费和价差预备费两部分构成。在公路工程建设期限内,凡需动用预备费时,属于公路交通部门投资的项目,需经建设单位提出,按建设项目隶属关系,报交通运输部或交通厅(局、委)基建主管部门核定批准;属于其他部门投资的建设项目,按其隶属关系报有关部门核定批准。

(一)基本预备费

基本预备费是指在初步设计和概算、施工图设计和施工图预算中难以预料的工程费用。

基本预备费包括以下内容。

(1)在进行技术设计、施工图设计和施工过程中,在批准的初步设计和概算范围内所增加的工程费用。

(2)在设备订货时,由于规格、型号改变的价差,材料货源变更、运输距离或方式的改变以及因规格不同而代换使用等原因发生的价差。

(3)在项目主管部门组织竣(交)工验收时,验收委员会(或小组)为鉴定工程质量必须开挖和修复隐蔽工程的费用。

基本预备费以建筑安装工程费、土地使用及拆迁补偿费、工程建设其他费之和为基数,按下列费率计算。

(1)设计概算按 5% 计列。

(2)修正概算按 4% 计列。

(3)施工图预算按 3% 计列。

(二)价差预备费

价差预备费是指设计文件编制年至工程交工年期间,建筑安装工程费中的人工费、材料费、设备费、施工机械使用费、措施费、企业管理费等由于政策、价格变化可能发生上浮而预留的费用,及外资贷款汇率变动部分的费用。

价差预备费以建筑安装工程费总额为基数,按设计文件编制年始至建设项目工程交工年终的年数和年工程造价增长率计算,计算公式见式(3-17)。

$$价差预备费 = P\left[(1+i)^{n-1} - 1\right] \tag{3-17}$$

式中:P——建筑安装工程费总额(元);

i——年工程造价增长率,按有关部门公布的工程投资价格指数计算;

n——设计文件编制年至建设项目开工年 + 建设项目建设期限(年)。

设计文件编制至工程交工在 1 年以内的工程,不列此项费用。

二、建设期贷款利息

建设期贷款利息是指工程项目使用的贷款部分在建设期内应计取的贷款利息,包括各种金融机构贷款、建设债券和外汇贷款等的利息。

根据不同的资金来源分年度投资计算所需支付的利息,计算公式见式(3-18)。

建设期贷款利息 = Σ(上年末付息贷款本息累计 + 本年度付息贷款额÷2)× 贷款基准年利率,即

$$S = \sum_{n=1}^{N} \left(F_{n-1} + \frac{b_n}{2}\right) \cdot i \tag{3-18}$$

式中:S——建设期贷款利息;

N——项目建设期(年);

n——施工年度;

F_{n-1}——建设期第 $n-1$ 年末需付息贷款本息累计;

b_n——建设期第 n 年度付息贷款额;

i——中国人民银行公布的贷款基准年利率。

例 3-13

某二级公路建安费为 30409125 元,土地使用及拆迁补偿费为 11100000 元,工程建设其他费为 2857412 元,该工程 2015 年编制施工图预算,建设期 2 年,2017 年开工,2019 年底建成。经预测工程造价增长率约为 5%,试计算其预备费。

解:价差预留费 = $30409125 \times \left[(1+5\%)^{(4-1)} - 1\right]$ = 4793238(元)

基本预备费 = (30409125 + 11100000 + 2857412) × 3% = 1330996(元)

预备费 = 4793238 + 1330996 = 6124234(元)

例 3-14

某二级公路,工程贷款 35839194 元,建设期 3 年,第一、三年均贷款 8959799 元,第二年贷款 17919597 元,贷款利率为 8%,求其贷款利息。

解:由式(3-18)计算得

①第 1 年贷款利息 = (0 + 8959799 ÷ 2) × 8%

$\qquad\qquad\qquad$ = 358392(元)

②第 2 年贷款利息 = (8959799 + 358392 + 17919597 ÷ 2) × 8%

$$= 1462239（元）$$

③第 3 年贷款利息 $= (8959799 + 358392 + 17919597 + 1462239 + 8959799 \div 2) \times 8\%$

$$= 2654394（元）$$

④三年总贷款利息 $= 358392 + 1462239 + 2654394 = 4475025（元）$

单元六　概算、预算文件编制示例

引导语

　　本单元选用某二级公路路面工程施工图预算文件的编制任务为教学案例,要求结合案例内容,学习公路工程概算、预算文件编制的流程。通过工作页中"学习任务 2:施工图预算编制专项训练",熟悉公路工程概算、预算各项费用的计算程序及方法,熟悉公路工程概算、预算文件的编制步骤,熟悉公路工程概算、预算文件编制时的注意事项。

相关知识

　　概算、预算文件编制是一项严肃且复杂的工作,设计概算金额是国家控制工程建设投资的最高限额,施工图预算金额是衡量设计方案经济性和投标报价合理性的重要依据。为确保概算、预算编制质量,必须依据国家和行业相应规定,按照一定步骤有序进行。

一、概算、预算文件编制程序

1.熟悉设计图纸和资料

　　编制概算、预算文件前,应对相应设计阶段的设计内容进行检查和整理,认真阅读和核对设计图纸及有关表格,若图纸中所用材料规格或要求不清时,要核对查实。概算、预算资料包括概算、预算表格,定额和有关文件及现场调查的一系列数据等。

2.分析外业调查资料及施工方案

　　概算、预算资料的调查工作一般与公路外业勘察同时进行。调查的内容很广,原则上凡对施工生产有影响的一切因素都必须调查,主要是筑路材料的来源(沿线料场及有无自采材料),材料运输方式及运距,运费标准,占用土地的补偿费、安置费及拆迁补偿费,沿线可利用房屋及劳动力供应情况等。应对这些调查资料进行分析,若有不明确或不全的部分,应另行调查,以保证概算、预算的准确和合理。

　　因为施工方案将直接影响概算、预算金额的高低和定额的查用,所以应认真分析施工组织设计文件(尤其是施工方案)的可行性、合理性和经济性。

3.分项计算工程量,初填21-2 表

　　公路工程概算、预算是以分项工程概算、预算表为基础计算和汇总而来的。根据工程设

计,参照概算、预算项目表,结合《公路工程概算定额》(JTG/T 3831—2018)和《预算定额》,列出工程项、目、节、细目;根据施工组织设计,为各分项工程选用定额,逐目在21-2表中填列编制范围、工程名称、工程细目、定额单位、工程数量、定额表号以及各工程细目所用定额中所列的工、料、机名称;逐项核对工程数量并填入项目表的相应栏内,计算得到分项工程的工料机消耗量,对设计文件中缺少或未列的工程量进行补充计算。初填"分项工程预算表(21-2表)"。

4. 计算工料机单价,填写22表、23-1表、23-2表、24表,汇总到09表

根据21-2表进行材料分析,将工程中所需的材料按照外购、地方性、自采加工类型顺序填22表计算,其中自采材料的料场原价应在23-1表计算,自办运输的运杂费应在23-2表计算,再返回22表计算材料预算单价;根据21-2表进行施工机械分析,将工程所需机械依次填入24表计算;将22表、24表中计算结果汇总到"人工、材料、施工机械台班单价汇总表(09表)"。

5. 选用措施费、企业管理费、规费的综合费率,填写04表

根据工程自然条件、施工条件的具体情况和费率的相关调查资料,按工程类别,将措施费、企业管理费、规费的综合费率计算出来,编制"综合费率计算表(04表)"。

6. 计算分项工程的建筑安装工程费,复填21-2表

根据09表的人工、材料、施工机械台班预算单价和04表的综合费率,在21-2表中计算各分项工程的直接费、措施费、企业管理费、规费、利润、税金、专项费用,汇总得到分项工程的建筑安装工程费。

7. 汇总建筑安装工程费,填写03表

汇总21-2表中的各分项建筑安装工程费,累加得到本项目的建筑安装工程费,编制"建筑安装工程费计算表(03表)",得到概算、预算第一部分费用。

8. 计算土地使用及拆迁补偿费,填写07表

根据本书附录《概预算总项目表》的项目编号列出土地使用及拆迁补偿费各项费用并计算,编制"土地使用及拆迁补偿费计算表(07表)",得到概算、预算第二部分费用。

9. 计算工程建设其他费,填写08表

根据本书附录《概预算总项目表》的项目编号列出工程建设其他费,结合施工组织设计和外业调查资料(包括协议书)以及有关的政策性文件规定计算各项费用,编制"工程建设其他费计算表(08表)",得到概算、预算第三部分费用。

10. 计算概算、预算总金额,编制01表及01-1表

根据经过复核的03表、07表、08表即可汇编"××段概(预)算表(01表)"。

若工程是分段编制概(预)算,尚应根据各"××段概(预)算表"汇编成"总概(预)算汇总表(01-1表)"。至此,已得出概(预)算总费用金额。

11. 统计自采材料的工料机消耗数量,填写25表

根据23-1表所列的自采材料规格和名称及其他辅助生产项目,按所用定额编制"辅助生产人工、材料、施工机械台班单位数量表(25表)",供02表计算辅助生产工料机数量。

12. 统计工料机消耗数量,填写02表及02-1表

首先根据25表计算的辅助生产材料消耗的人工、材料、施工机械台班数量,汇总21-2表

分项工程消耗、辅助生产消耗及其他增工数得到整个项目的工料机消耗量，编制"××段人工、主要材料、施工机械台班数量汇总表（02 表）"。

若分段编制概（预）算，尚应根据各"××段人工、主要材料、施工机械台班数量汇总表"，汇总编制"总概（预）算人工、主要材料、施工机械台班数量汇总表（02-1 表）"，为施工组织设计提供基础数据。

13. 编写"编制说明"，完成装订

概算、预算各表格全部编制完成后，应根据编制过程和内容，写出概算、预算表格编制的依据，完成概算、预算的"编制说明"；进一步全面复核，确认无误并签字后，按规定对甲组文件印刷规定份数，并对甲、乙组文件分别装订成册，上报待批。

二、概算、预算表格填写流程

概算、预算费用计算过程实际是填写概算、预算计算表格的过程。各种表格的计算顺序和相互关系如图 3-3 所示。

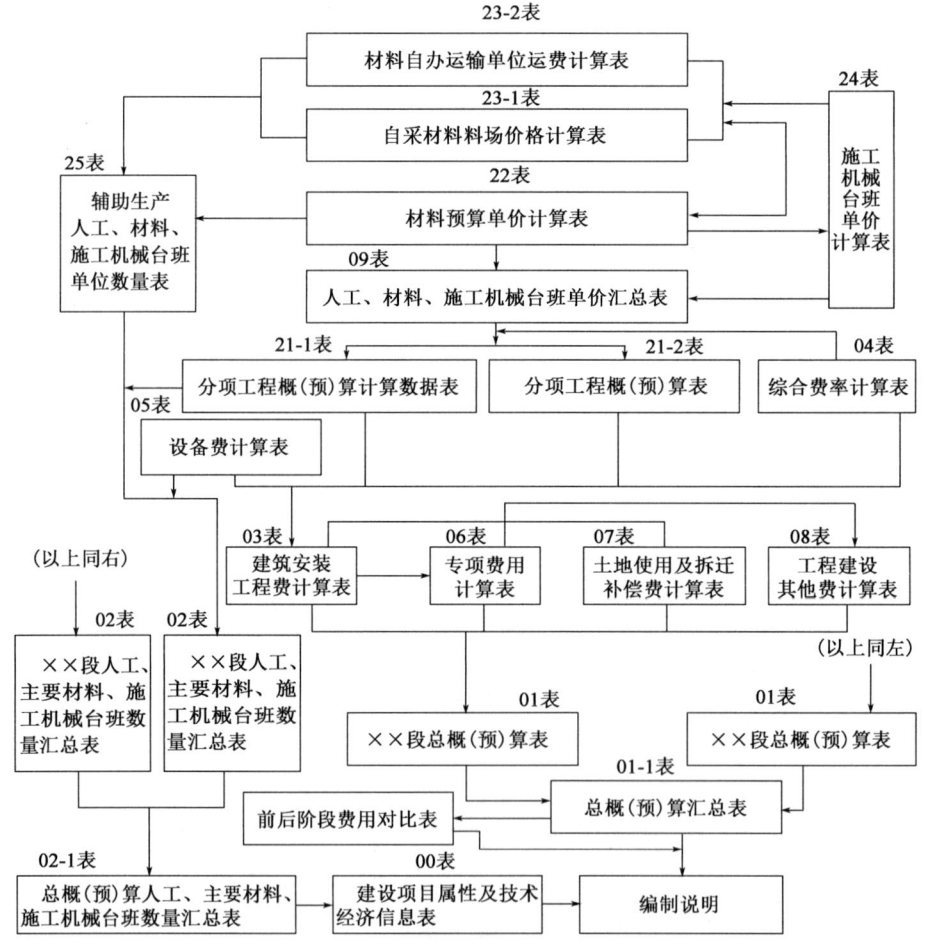

图 3-3　各种表格的计算顺序和相互关系

三、概算、预算各项费用计算程序及方法

公路工程概算、预算总金额由五部分费用组成,即建筑安装工程费、土地使用及拆迁补偿费、工程建设其他费、预备费和建设期贷款利息。在各项费用中,每项费用都有其具体的费用内容和计算方法,并按照一定的规则和程序进行。各项费用的计算程序及方法见表3-27。

公路工程建设各项费用的计算程序及计算方式　　　　　　表3-27

序号	项目	说明及计算式
(一)	定额直接费	Σ人工消耗量×人工基价 + Σ(材料消耗量×材料基价 + 机械台班消耗量× 机械台班基价)
(二)	定额设备购置费	Σ设备购置数量×设备基价
(三)	直接费	Σ人工消耗量×人工单价 + Σ(材料消耗量×材料预算单价 + 机械台班消耗量×机械台班预算单价)
(四)	设备购置费	Σ设备购置数量×预算单价
(五)	措施费	(一)×施工辅助费费率 + 定额人工费和定额施工机械使用费之和× 其余措施费综合费率
(六)	企业管理费	(一)×企业管理费综合费率
(七)	规费	各类工程人工费(含施工机械人工费)×规费综合费率
(八)	利润	[(一) + (五) + (六)]×利润率
(九)	税金	[(三) + (四) + (五) + (六) + (七) + (八)]×10%
(十)	专项费用	
	施工场地建设费	[(一) + (二)×40% + (五) + (六) + (七) + (八) + (九)]×累进费率
	安全生产费	建筑安装工程费(不含安全生产费本身)×(≥1.5%)
(十一)	定额建筑安装工程费	(一) + (二)×40% + (五) + (六) + (七) + (八) + (九) + (十)
(十二)	建筑安装工程费	(三) + (四) + (五) + (六) + (七) + (八) + (九) + (十)
(十三)	土地使用及拆迁补偿费	按规定计算
(十四)	工程建设其他费	
	建设项目管理费	
	建设单位(业主)管理费	(十一)×累进费率
	建设项目信息化费	(十一)×累进费率
	工程监理费	(十一)×累进费率
	设计文件审查费	(十一)×累进费率
	竣(交)工验收试验检测费	按规定计算
	研究试验费	
	建设项目前期工作费	(十一)×累进费率

续上表

序号	项目	说明及计算式
	专项评价(估)费	按规定计算
	联合试运转费	(十一)×费率
	生产准备费	
	工器具购置费	按规定计算
	办公和生活用家具购置费	按规定计算
	生产人员培训费	按规定计算
	应急保通设备购置费	
	工程保通管理费	按规定计算
	工程保险费	[(十二)-(四)]×费率
	其他相关费用	
(十五)	预备费	
	基本预备费	[(十二)+(十三)+(十四)]×费率
	价差预备费	(十二)×费率
(十六)	建设期贷款利息	按实际贷款额度及利率计算
(十七)	公路基本造价	(十二)+(十三)+(十四)+(十五)+(十六)

四、概算、预算文件编制示例

(一)概算、预算文件编制资料

(1)项目基本情况:××二级公路,位于陕西省宝鸡市境内,路段长度为6km,路面宽度为24m,面层结构为4cm SMA沥青玛琋脂碎石混合料+5cm中粒式沥青混凝土+7cm粗粒式沥青混凝土,下设ES-2型乳化沥青稀浆封层,路面各结构层沥青混合料均采用厂拌法施工,采用240t/h的厂拌设备拌和,15t自卸汽车运输,综合运距为3km。

(2)材料供应:沥青、改性沥青、水泥、型钢、钢板和纤维稳定剂等外购材料采用业主指定品牌,供应单价按照合同规定;石屑、碎石等地方性材料选取就近的厂家供应,供应单价按当地材料的平均物价水平确定;由于工地靠近河流,河道内有充足的砂石,因此决定本项目中的砂、中(粗)砂两种材料采取自采加工方式和自办运输的方式。各种材料的原价、运输方式及运距见表3-28。

(3)在该项目运营前安排30名路政管理人员进行岗前培训。该项目为营运购买1套视频监控系统,需要安装,设备的原价为18万元,运距为150km;为养护购置洒水汽车3台,每台15万元,运距为60km;另外,该项目运营后日常养护过程中需要配备若干试验设备,包括3台台式电脑、4套电子天平、2套恒温水箱等。

(4)该项目永久性占用耕地70亩,修建拌和站等临时征用土地20亩,拆迁房屋面积为1500m^2。

材料运输方式及计算参数　　　　　　　　　　　表 3-28

序号	材料名称	单位	材料原价（元）	运输方式,比重,运距	单位毛质量或毛质量系数	运价率[元/(t·km)]	装卸费率/[元/(t·次)]	杂费费率/(元/t)
1	型钢	t	3700	汽车,1.00,60km	1.00	0.65		
2	组合钢模板	t	5800	汽车,1.00,60km	1.00	0.65		
3	铁件	kg	4.4	汽车,1.00,60km	0.0011	0.65		
4	石油沥青	t	4800	汽车,1.00,200km	1.170	0.73		
5	橡胶沥青	t	4600	汽车,1.00,200km	1.17	0.73		
6	乳化沥青	t	3300	汽车,1.00,200km	1.17	0.73		
7	锯材	m³	1350	汽车,1.00,60km	0.65	0.65		
8	砂	m³	自采材料	自办运输,1.00,500m	1.50			
9	中(粗)砂	m³	自采材料	自办运输,1.00,500m	1.50		2.50	2.00
10	路面用机制砂	m³	55	汽车,1.00,15km	1.50	0.60		
11	矿粉	t	150	汽车,1.00,15km	1.00	0.60		
12	路面用石屑	m³	106	汽车,1.00,15km	1.50	0.60		
13	片石	m³	0	汽车,1.00,15km	1.60	0.60		
14	碎石(4cm)	m³	55	汽车,1.00,15km	1.50	0.60		
15	路面用碎石(1.5cm)	m³	95	汽车,1.00,15km	1.50	0.60		
16	路面用碎石(2.5cm)	m³	93	汽车,1.00,15km	1.50	0.60		
17	路面用碎石(3.5cm)	m³	91	汽车,1.00,15km	1.50	0.60		
18	块石	m³	85	汽车,1.00,15km	1.85	0.60		
19	32.5 级水泥	t	350	汽车,1.00,60km	1.01	0.65		

（5）该工程贷款共计 35839194 元,建设期 3 年,第一、三年均贷款 8959799 元,第二年贷款 17919597 元,贷款利率为 8%。

（6）该工程 2016 年完成施工图预算,2017 年开始施工,建设期 3 年,经预测工程造价增长率约为 5%。

（二）施工图预算计算表格

施工图预算计算表格见表 3-29 ~ 表 3-46。

建设项目名称：××公路路面工程

编制范围：K0 + 000 ~ K6 + 000

分项编号	工程或费用名称	单位	数量	金额（元）	技术经济指标	各项费用比例（%）	备注
1	第一部分 建筑安装工程费	公路公里	6.000	30409125.00	5068187.50	55.32	
103	路面工程	km		29043441		52.84	
LM01	沥青混凝土路面			29043441		52.84	
LM0104	透层、黏层、封层	m²		1358513		2.47	
LM010405	稀浆封层	m²	144000.000	1358513	9.43	2.47	
LM0105	沥青混凝土面层	m²		27684928		50.37	
LM010501	粗粒式沥青混凝土面层	m²	144000.000	10799699	75.00	19.65	
LM010502	中粒式沥青混凝土面层	m²	144000.000	8015066	55.66	14.58	
LM010505	沥青玛琋脂碎石混合料面层	m²	144000.000	8870163	61.60	16.14	
107	交通工程及沿线设施	公路公里		60626		0.11	
10703	监控系统	公路公里		60626		0.11	
1070302	外场监控	公路公里		60626		0.11	
107030202	外场监控设备费	公路公里		60626		0.11	
108	绿化及环境保护工程	公路公里	6.000			0.00	
109	其他工程	公路公里	6.000			0.00	
110	专项费用	元		1362248		2.48	
11001	施工场地建设费	元		912007		1.66	
11002	安全生产费	元		450241		0.82	
2	第二部分 土地使用及拆迁补偿费	公路公里	6.000	11100000	1850000.00	20.19	
201	土地使用费	亩		3600000		6.55	
20101	永久征用土地	亩		3500000		6.37	
20102	临时用地	亩		100000		0.18	

编制：×××   复核：×××

建设项目名称：××公路路面工程

编制范围：K0+000～K6+000

分项编号	工程或费用名称	单位	数量	金额（元）	技术经济指标	各项费用比例（%）	备注
202	拆迁补偿费	公路公里	6.000	7500000	1250000.00	13.64	
3	第三部分 工程建设其他费	公路公里	6.000	2857412	579820.50	5.20	
301	建设项目管理费	公路公里	6.000	1816967	406386.00	3.31	
303	建设项目前期工作费	公路公里	6.000	734570	122454.83	1.34	
304	专项评价（估）费	公路公里	6.000	30000	5000.00	0.05	
305	联合试运转费	公路公里	6.000	11052.00	1842.50	0.02	
306	生产准备费	公路公里	6.000	143200	23866.67	0.26	
30601	工器具购置费	公路公里	6.000	18400	3066.67	0.03	
30602	办公和生活用家具购置费	公路公里	6.000	34800	5800.00	0.06	
30603	生产人员培训费	公路公里	6.000	90000	15000.00	0.16	
308	工程保险费	公路公里	6.000	121623	20270.50	0.22	
4	第四部分 预备费	公路公里	6.000	6124234	1025601.67	11.14	
401	基本预备费	公路公里	6.000	1330996	225226.17	2.42	
402	价差预备费	公路公里	6.000	4793238	800375.50	8.72	
5	第一至四部分合计	公路公里	6.000	50490771	8415128.5	91.86	30466315＋11100000＋3478923＋6153610
6	建设期贷款利息	公路公里	6.000	4475025	745837.50	8.14	贷款总额:35839194元,计息3年,第1年贷款额8959799元,第2年贷款额17919597元,第3年贷款额8959799元,利率8%
7	公路基本造价	公路公里	6.000	54965796	9278978.83	100.00	51130394＋4475025＋0

编制：×××　　　　　　　　复核：×××

建设项目名称：××公路路面工程

编制范围：K0 + 000 ~ K6 + 000　　　　　　　　　　　　　　　　　第 1 页　共 2 页　02 表

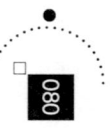

代号	规格名称	单位	单价（元）	总数量	分项统计							场外运输损耗	
					路面工程							%	数量
1001001	人工	工日	105.89	3915.684	3734.168								
1051001	机械工	工日	105.89	1570.901	1540.608								
2003004	型钢	t	3771.58	0.069	0.069								
2003026	组合钢模板	t	5868.04	0.148	0.148								
2009028	铁件	kg	4.54	103.900	103.900								
3001001	石油沥青	t	5230.95	1950.361	1893.554							3.00	56.807
3001004	橡胶沥青	t	5020.71	933.395	906.209							3.00	27.186
3001005	乳化沥青	t	3654.12	218.920	212.544							3.00	6.376
3003001	重油	kg	4.00	401288.303	401288.303								
3003002	汽油	kg	8.50	1727.832	1727.832								
3003003	柴油	kg	7.50	65055.264	64782.627								
3005002	电	kW·h	0.85	151432.737	151432.737								
3005004	水	m³	2.50	1382.000	1382.000								
4003002	锯材	m³	1406.67	0.020	0.020								
5503004	砂	m³	29.94	88.560	86.400							2.50	2.160
5503005	中(粗)砂	m³	32.45	764.763	746.110							2.50	18.653
5503006	路面用机制砂	m³	78.72	1353.433	1320.422							2.50	33.011
5503013	矿粉	t	171.87	3300.544	3204.412							3.00	96.132
5503015	路面用石屑	m³	130.14	7141.075	7070.371							1.00	70.704
5505005	片石	m³	83.28	774.130	774.130								
5505013	碎石(4cm)	m³	103.34	139.410	138.030							1.00	1.380
5505017	路面用碎石(1.5cm)	m³	118.80	16932.954	16765.301							1.00	167.653

编制：×××　　　　　　　　　　　　　　　　复核：×××

建设项目名称：××公路路面工程

编制范围：K0+000～K6+000

代号	规格名称	单位	单价（元）	总数量	分项统计						场外运输损耗	
					路面工程						%	数量
5505018	路面用碎石（2.5cm）	m³	116.74	8734.938	8648.453						1.00	86.485
5505019	路面用碎石（3.5cm）	m³	114.68	749.816	742.392						1.00	7.424
5505025	块石	m³	112.24	1060.230	1060.230							
5509001	32.5级水泥	t	406.07	218.116	215.956						1.00	2.160
7801001	其他材料费	元	1.00	5459.764	5459.764							
7901001	设备摊销费	元	1.00	85027.088	85027.088							
8001025	0.6m³以内履带式液压单斗挖掘机	台班	833.92	15.030	15.030							
8001047	2.0m³以内轮胎式装载机	台班	993.92	124.906	124.906							
8003031	4000L内液态沥青运输车	台班	425.55	43.200	43.200							
8003052	240t/h内沥青混合料拌和设备	台班	51002.29	38.808	38.808							
8003060	12.5m内沥青混合料摊铺机	台班	3807.43	45.922	45.922							
8003062	2.5～3.5m稀浆封层机	台班	2967.66	41.760	41.760							
8003065	15t以内振动压路机（双钢轮）	台班	1644.01	155.462	155.462							
8003067	16～20t轮胎式压路机	台班	767.67	72.000	72.000							
8003068	20～25t轮胎式压路机	台班	956.37	44.381	44.381							
8005002	250L以内强制式混凝土搅拌机	台班	177.47	5.020	5.020							
8007012	5t以内自卸汽车	台班	584.03	41.227	41.227							
8007014	8t以内自卸汽车	台班	684.90	393.293	393.293							
8007024	20t以内平板拖车组	台班	958.99	8.600	8.600							
8007043	10000L以内洒水汽车	台班	1110.50	43.488	43.488							
8009027	12t以内汽车式起重机	台班	854.06	3.090	3.090							
8009032	40t以内汽车式起重机	台班	2238.15	18.450	18.450							

编制：×××　　　　　　　　　　　　　　　　　复核：×××

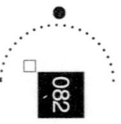

建筑安装工程费计算表

表 3-31

建设项目名称：××公路路面工程

编制范围：K0+000~K6+000

第 1 页　共 1 页　03 表

序号	分项编号	工程名称	单位	工程量	定额直接费（元）	定额设备购置费（元）	直接费（元）				设备购置费	措施费	企业管理费	规费	利润（元）费率 7.42%	税金（元）税率 9%	金额合计（元）	
							人工费	材料费	施工机械使用费	合计							合计	单价
1	2	3	4	5	6	7	8	9	10	11	12	13	14	15	16	17	18	19
1	103	路面工程	km														29043441	
2	LM01	沥青混凝土路面															29043441	
3	LM0104	透层、黏层、封层	m²														1358513	
4	LM010405	稀浆封层	m²	144000.000	1018809		74716	841412	177494	1093622		11149	32235	30521	78815	112171	1358513	9.43
5	LM0105	沥青混凝土面层	m²														27684928	
6	LM010501	粗粒式沥青混凝土面层	m²	144000.000	7742503		45577	7686389	1225534	8957500		75324	243646	33350	598160	891719	10799699	75.00
7	LM010502	中粒式沥青混凝土面层	m²	144000.000	5749801		32631	5743634	872410	6648675		55569	180976	23864	444187	661795	8015066	55.66
8	LM010505	沥青玛琋脂碎石混合料面层	m²	144000.000	6632336		242487	6029221	966726	7238434		68833	218466	98595	513437	732398	8870163	61.60
9	107	交通工程及沿线设施	公路公里														60626	
10	10703	监控系统	公路公里														60626	
11	1070302	外场监控	公路公里														60626	
12	107030202	外场监控设备费	公路公里			51282					55620					5006	60626	
13	110	专项费用	元														1360601	
14	11001	施工场地建设费	元								912005						912005	
15	11002	安全生产费	元								450241						449396	
		合计			21143449	51282	395411	20300656	3242164	24798479	55620	210875	675323	186330	1634599	2398503	30409125	5068187.5

编制：×××

复核：×××

建设项目名称:××公路路面工程

编制范围:K0+000~K6+000　　　　第1页　共1页　04表

序号	工程类别	措施费(%)										综合费率		企业管理费(%)						规费(%)					
		冬季施工增加费	雨季施工增加费	夜间施工增加费	高原地区施工增加费	风沙地区施工增加费	沿海地区施工增加费	行车干扰施工增加费	施工辅助费	工地转移费	I	II	基本费用	主副食运费补贴	职工探亲路费	职工取暖补贴	财务费用	综合费率	养老保险费	失业保险费	医疗保险费	工伤保险费	住房公积金	综合费率
1	2	3	4	5	6	7	8	9	10	11	12	13	14	15	16	17	18	19	20	21	22	23	24	25
1	土方	0.835	0.245						0.521	0.224	1.304	0.521	2.747	0.131	0.192	0.130	0.271	3.471	16.000	0.700	7.250	0.910	8.500	33.360
2	石方	0.164	0.212						0.470	0.176	0.552	0.470	2.792	0.117	0.204	0.118	0.259	3.490	16.000	0.700	7.250	0.910	8.500	33.360
3	运输	0.166	0.249						0.154	0.157	0.572	0.154	1.374	0.130	0.132	0.130	0.264	2.030	16.000	0.700	7.250	0.910	8.500	33.360
4	路面	0.566	0.230						0.818	0.321	1.117	0.818	2.427	0.088	0.159	0.086	0.404	3.164	16.000	0.700	7.250	0.910	8.500	33.360
5	隧道	0.203							1.195	0.257	0.460	1.195	3.569	0.104	0.266	0.091	0.513	4.543	16.000	0.700	7.250	0.910	8.500	33.360
6	构造物I	0.652	0.164						1.201	0.262	1.078	1.201	3.587	0.120	0.274	0.130	0.466	4.577	16.000	0.700	7.250	0.910	8.500	33.360
7	构造物I（不计冬）		0.164						1.201	0.262	0.426	1.201	3.587	0.120	0.274	0.130	0.466	4.577	16.000	0.700	7.250	0.910	8.500	33.360
8	构造物II	0.868	0.177						1.537	0.333	1.378	1.537	4.726	0.140	0.348	0.153	0.545	5.912	16.000	0.700	7.250	0.910	8.500	33.360
9	构造物III	1.616	0.366						2.729	0.622	2.604	2.729	5.976	0.248	0.551	0.264	1.094	8.133	16.000	0.700	7.250	0.910	8.500	33.360
10	构造物III（不计雨夜）	1.616							2.729	0.622	2.238	2.729	5.976	0.248	0.551	0.264	1.094	8.133	16.000	0.700	7.250	0.910	8.500	33.360
11	技术复杂大桥	1.019	0.254						1.677	0.389	1.662	1.677	4.143	0.115	0.208	0.120	0.637	5.223	16.000	0.700	7.250	0.910	8.500	33.360
12	钢材及钢结构	0.040							0.564	0.351	0.391	0.564	2.242	0.113	0.164	0.082	0.653	3.254	16.000	0.700	7.250	0.910	8.500	33.360
13	钢材及钢结构（不计夜）	0.040							0.564	0.351	0.391	0.564	2.242	0.113	0.164	0.082	0.653	3.254	16.000	0.700	7.250	0.910	8.500	33.360
14	费率为0																							

编制:×××　　　　　　　　　　　　　　　　　复核:×××

建设项目名称：××公路路面工程

编制范围：K0 +000 ~ K6 +000　　　　　　　　　　　第 1 页　共 1 页　05 表

代号	设备名称	规格型号	单位	数量	基价	定额设备购置费（元）	单价（元）	设备购置费（元）	税金（元）	定额设备费（元）	设备费（元）
7505040	外场摄像机		套	3.00	17094.02	51282	18000.00	55620	5006	56288	60626
	合计					51282		55620	5006	56288	60626

编制：×××　　　　　　　　　　　　复核：×××

建设项目名称：××公路路面工程

编制范围：K0+000～K6+000

序号	工程或费用名称	说明及计算式	金额(元)	备注
11001	施工场地建设费		912005	
11002	安全生产费	［建安费（不含安全生产费）］×1.5%	450241	30016074×1.5%

编制：×××　　　　复核：×××

表 3-35

土地使用及拆迁补偿费计算表

建设项目名称：××公路路面工程

编制范围：K0+000～K6+000

序号	费用名称	单位	数量	单价(元)	金额(元)	说明及计算式	备注
201	土地使用费	亩			3600000		
20101	永久征用土地	亩			3500000		
20102	临时用地	亩			100000		
202	拆迁补偿费	公路公里	6.000	1250000.00	7500000		
203	其他补偿费	公路公里	6.000				

编制：×××　　　　　　　　　　复核：×××

表 3-36

工程建设其他费计算表

建设项目名称: ××公路路面工程

编制范围: K0 + 000 ~ K6 + 000

序号	费用名称及项目	说明及计算式	金额(元)	备注
3	第三部分　工程建设其他费		2857412	
301	建设项目管理费		1816967	
30101	建设单位(业主)管理费	建设单位(业主)管理费	971095	
30102	建设项目信息化费	建设项目信息化费	115363	
30103	工程监理费	工程监理费	640234	
30104	设计文件审查费	设计文件审查费	21275	
30105	竣(交)工验收试验检测费	6.000(公路公里)×11500.00(元/公路公里)	69000	
302	研究试验费			
303	建设项目前期工作费	建设项目前期工作费	734570	
304	专项评价(估)费		30000	
	环境影响评价费	1.000(总额)×30000(元/总额)	30000	
305	联合试运转费	[定额建安费(含定额设备购置费×40%)]×0.04%	11052	
306	生产准备费		143200	
30601	工器具购置费		18400	
	台式电脑	3.000(个)×5000(元/个)	15000	
	电子天平	4.000(个)×350(元/个)	1400	
	恒温水箱	2.000(个)×1000(元/个)	2000	
30602	办公和生活用家具购置费		34800	
	生产用家具	6.000(组)×5800(元/组)	34800	
30603	生产人员培训费		90000	
	路政管理员	30.000(个)×3000(元/个)	90000	
30604	应急保通设备购置费			
307	工程保通管理费			
308	工程保险费	[建安费(不含设备费)]×0.4%	121623	
309	其他相关费用			

编制: × × ×

复核: × × ×

建设项目名称：××公路路面工程

编制范围：K0 + 000 ~ K6 + 000   第 1 页   共 1 页   09 表

序号	名称	单位	代号	预算单价（元）	备注	序号	名称	单位	代号	预算单价（元）	备注
1	人工	工日	1001001	105.89		25	块石	m^3	5505025	112.24	
2	机械工	工日	1051001	105.89		26	32.5 级水泥	t	5509001	406.07	
3	型钢	t	2003004	3771.58		27	其他材料费	元	7801001	1.00	
4	组合钢模板	t	2003026	5868.04		28	设备摊销费	元	7901001	1.00	
5	铁件	kg	2009028	4.54		29	0.6m^3 以内履带式液压单斗挖掘机	台班	8001025	833.92	
6	石油沥青	t	3001001	5230.95		30	2.0m^3 以内轮胎式装载机	台班	8001047	993.92	
7	橡胶沥青	t	3001004	5020.71		31	4000L 内液态沥青运输车	台班	8003031	425.55	
8	乳化沥青	t	3001005	3654.12		32	240t/h 内沥青混合料拌和设备	台班	8003052	51002.29	
9	重油	kg	3003001	4.00		33	12.5m 内沥青混合料摊铺机	台班	8003060	3807.43	
10	汽油	kg	3003002	8.50		34	2.5 ~ 3.5m 稀浆封层机	台班	8003062	2967.66	
11	柴油	kg	3003003	7.50		35	15t 以内振动压路机（双钢轮）	台班	8003065	1644.01	
12	电	kW·h	3005002	0.85		36	16 ~ 20t 轮胎式压路机	台班	8003067	767.67	
13	水	m^3	3005004	2.50		37	20 ~ 25t 轮胎式压路机	台班	8003068	956.37	
14	锯材	m^3	4003002	1406.67		38	250L 以内强制式混凝土搅拌机	台班	8005002	177.47	
15	砂	m^3	5503004	29.94		39	5t 以内自卸汽车	台班	8007012	584.03	
16	中（粗）砂	m^3	5503005	32.45		40	8t 以内自卸汽车	台班	8007014	684.90	
17	路面用机制砂	m^3	5503006	78.72		41	20t 以内平板拖车组	台班	8007024	958.99	
18	矿粉	t	5503013	171.87		42	10000L 以内洒水汽车	台班	8007043	1110.50	
19	路面用石屑	m^3	5503015	130.14		43	1t 以内机动翻斗车	台班	8007046	213.14	
20	片石	m^3	5505005	83.28		44	12t 以内汽车式起重机	台班	8009027	854.06	
21	碎石（4cm）	m^3	5505013	103.34		45	40t 以内汽车式起重机	台班	8009032	2238.15	
22	路面用碎石（1.5cm）	m^3	5505017	118.80		46	75t 以内汽车式起重机	台班	8009034	3503.57	
23	路面用碎石（2.5cm）	m^3	5505018	116.74		47	小型机具使用费	元	8099001	1.00	
24	路面用碎石（3.5cm）	m^3	5505019	114.68							

编制：×　×　×   复核：×　×　×

编制范围：K0+000~K6+000

分项编号：LM010405　　工程名称：稀浆封层　　单位：m²　　数量：144000　　单价：9.43　　第1页　共12页　21-2表

代号	工、料、机名称	单位	单价（元）	定额	数量	金额（元）	定额	数量	金额（元）	定额	数量	金额（元）	数量	金额（元）
	工程项目			透层、黏层、封层									合计	
	工程细目			乳化沥青稀浆封层 ES-2 型										
	定额单位			1000m²										
	工程数量			144.000										
	定额表号			2-2-16-16										
1	人工	工日	105.89	4.900	705.600	74716							705.600	74716
2	乳化沥青	t	3654.12	1.476	212.544	776661							212.544	776661
3	砂	m³	29.94	0.600	86.400	2587							86.400	2587
4	矿粉	t	171.87	0.278	40.032	6880							40.032	6880
5	路面用石屑	m³	130.14	2.950	424.800	55283							424.800	55283
6	4000L 内液态沥青运输车	台班	425.55	0.300	43.200	18384							43.200	18384
7	2.5~3.5m 稀浆封层机	台班	2967.66	0.290	41.760	123929							41.760	123929
8	10000L 以内洒水汽车	台班	1110.50	0.220	31.680	35181							31.680	35181
9	基价	元	1.00	7075.000	1018809.000	1018809							1018800.000	1018800
	直接费	元				1093622								1093622
	措施费　Ⅰ	元			1.117%	2815								2815
	措施费　Ⅱ	元			0.818%	8334								8334
	企业管理费	元			3.164%	32235								32235
	规费	元			33.360%	30521								30521
	利润	元			7.42%	78815								78815
	税金	元			9%	112171								112171
	金额合计	元				1358513								1358513

编制：×××　　　　　　　　　　　　　　　　复核：×××

公路工程概算、预算文件编制　　模块三

编制范围:K0+000 ~ K6+000

分项编号:LM010501　　工程名称:粗粒式沥青混凝土面层　　单位:m²　　数量:144000　　单价:75　　第 2 页　共 12 页　21-2 表

代号	工、料、机名称	单位	单价（元）	工程项目 Ⅰ.粗粒式			沥青混合料运输			沥青混合料路面铺筑			合计	
	工程细目			240t/h 以内拌和粗粒式沥青混凝土混合料			8t 以内自卸车运输沥青混合料 3km			机械摊铺粗粒式沥青混凝土混合料(240t/h 以内)				
	定额单位			1000m³ 路面实体			1000m³			1000m³ 路面实体				
	工程数量			10.080			10.080			10.080				
	定额表号			2-2-11-5			2-2-13-1 改			2-2-14-46				
				定额	数量	金额（元）	定额	数量	金额（元）	定额	数量	金额（元）	数量	金额（元）
1	人工	工日	105.89	24.800	249.984	26471				17.900	180.432	19106	430.416	45577
2	石油沥青	t	5230.95	106.394	1072.452	5609940							1072.452	5609940
3	矿粉	t	171.87	105.700	1065.456	183120							1065.456	183120
4	路面用石屑	m³	130.14	390.690	3938.155	512512							3938.155	512512
5	路面用碎石(1.5cm)	m³	118.80	518.200	5223.456	620547							5223.456	620547
6	路面用碎石(2.5cm)	m³	116.74	553.010	5574.341	650749							5574.341	650749
7	路面用碎石(3.5cm)	m³	114.68	73.650	742.392	85138							742.392	85138
8	其他材料费	元	1.00	186.100	1875.888	1876							1875.888	1876
9	设备摊销费	元	1.00	2233.000	22508.640	22509							22508.640	22509
10	2.0m³ 以内轮胎式装载机	台班	993.92	5.210	52.517	52197							52.517	52197
11	240t/h 内沥青混合料拌和设备	台班	51002.29	1.620	16.330	832847							16.330	832847
12	12.5m 内沥青混合料摊铺机	台班	3807.43							1.910	19.253	73304	19.253	73304
13	15t 以内振动压路机（双钢轮）	台班	1644.01							5.340	53.827	88492	53.827	88492
14	16~20t 轮胎式压路机	台班	767.67							2.680	27.014	20738	27.014	20738
15	20~25t 轮胎式压路机	台班	956.37							2.560	25.805	24679	25.805	24679
16	5t 以内自卸汽车	台班	584.03	1.670	16.834	9831							16.834	9831
17	8t 以内自卸汽车	台班	684.90				17.070	172.066	117848				172.066	117848
18	10000L 以内洒水汽车	台班	1110.50							0.500	5.040	5597	5.040	5597
19	基价	元	1.00	733531.000	7393992.480	7393992	11611.000	117038.880	117039	22964.000	231477.120	231477	7742508.480	7742508

编制:×××　　　　　　　　　　　　　　　　　复核:×××

编制范围：K0＋000～K6＋000

分项编号：LM010501　　工程名称：粗粒式沥青混凝土面层　　单位：m²　　数量：144000　　单价：75　　第3页　共12页　21-2表

代号	工程项目		I．粗粒式			沥青混合料运输			沥青混合料路面铺筑			合计	
	工程细目		240t/h以内拌和粗粒式沥青混凝土混合料			8t以内自卸车运输沥青混合料3km			机械摊铺粗粒式沥青混凝土混合料（240t/h以内）				
	定额单位		1000m³路面实体			1000m³			1000m³路面实体				
	工程数量		10.080			10.080			10.080				
	定额表号		2-2-11-5			2-2-13-1改			2-2-14-46				
	工、料、机名称	单位	单价(元)	定额	数量	金额(元)	定额	数量	金额(元)	定额	数量	金额(元)	数量	金额(元)
	直接费	元				8607736			117848			231916		8957500
	措施费 I	元		1.117%		9513	0.572%		669	1.117%		2586		12768
	措施费 II	元		0.818%		60483	0.154%		180	0.818%		1893		62556
	企业管理费	元		3.164%		233946	2.030%		2376	3.164%		7324		243646
	规费	元		33.360%		13011	33.360%		6078	33.360%		14261		33350
	利润	元		7.42%		571186	7.42%		8923	7.42%		18051		598160
	税金	元		9%		854629	9%		12247	9%		24843		891719
	金额合计	元				10350504			148321			300874		10799699

编制：×××　　　　　　　　　　　　　　　　复核：×××

建设项目名称：××公路路面工程

编制范围：K0 + 000 ~ K6 + 000　　　　　　　　　　　　　　　　第 1 页　共 1 页　22 表

代号	规格名称	单位	原价（元）	运杂费						原价运费合计（元）	场外运输损耗		采购及保管费		预算单价（元）
				供应地点	运输方式,比重,运距	毛质量系数或单位毛质量	运杂费构成说明或计算式	单位运费（元）		费率（%）	金额（元）	费率（%）	金额（元）	
1	型钢	t	3700.000	宝鸡—工地	汽车,1.00,60km	1.000000	0.650 × 60 + 2.500 + 2.000	43.500	3743.50			0.750	28.076	3771.580
2	组合钢模板	t	5800.000	宝鸡—工地	汽车,1.00,60km	1.000000	0.650 × 60 + 2.500 + 2.000	43.500	5843.50			0.420	24.543	5868.040
3	铁件	kg	4.400	宝鸡—工地	汽车,1.00,60km	0.001100	(0.650 × 60 + 2.500 + 2.000) × 0.0011	0.048	4.45			2.060	0.092	4.540
4	石油沥青	t	4800.000	西安—工地	汽车,1.00,200km	1.170000	(0.730 × 200 + 2.500 + 2.000) × 1.17	176.085	4976.09	3.00	149.283	2.060	105.583	5230.950
5	橡胶沥青	t	4600.000	西安—工地	汽车,1.00,200km	1.170000	(0.730 × 200 + 2.500 + 2.000) × 1.17	176.085	4776.09	3.00	143.283	2.060	101.339	5020.710
6	乳化沥青	t	3300.000	西安—工地	汽车,1.00,200km	1.170000	(0.730 × 200 + 2.500 + 2.000) × 1.17	176.085	3476.09	3.00	104.283	2.060	73.756	3654.120
7	锯材	m³	1350.000	宝鸡—工地	汽车,1.00,60km	0.650000	(0.650 × 60 + 2.500 + 2.000) × 0.65	28.275	1378.28			2.060	28.393	1406.670
8	砂	m³	21.052	采砂场—工地	自办运输,1.00,500m	1.500000	3.55 × 213.14 × 0.01	7.566	28.62	2.50	0.715	2.060	0.604	29.940
9	中（粗）砂	m³	23.452	采砂场—工地	自办运输,1.00,500m	1.500000	3.55 × 213.14 × 0.01	7.566	31.02	2.50	0.775	2.060	0.655	32.450
10	路面用机制砂	m³	55.000	料场—工地	汽车,1.00,15km	1.500000	(0.600 × 15 + 2.500 + 2.000) × 1.5	20.250	75.25	2.50	1.881	2.060	1.589	78.720
11	矿粉	t	150.000	料场—工地	汽车,1.00,15km	1.000000	0.600 × 15 + 2.500 + 2.000	13.500	163.50	3.00	4.905	2.060	3.469	171.870

续上表

代号	规格名称	单位	原价(元)	供应地点	运杂费 运输方式,比重,运距	运杂费 毛质量系数或单位毛质量	运杂费 运杂费构成说明或计算式	运杂费 单位运费(元)	运杂费 原价运费合计(元)	场外运输损耗 费率(%)	场外运输损耗 金额(元)	采购及保管费 费率(%)	采购及保管费 金额(元)	预算单价(元)
12	路面用石屑	m³	106.000	料场—工地	汽车,1.00,15km	1.500000	$(0.600 \times 15 + 2.500 + 2.000) \times 1.5$	20.250	126.25	1.00	1.263	2.060	2.627	130.140
13	片石	m³	60.000	料场—工地	汽车,1.00,15km	1.600000	$(0.600 \times 15 + 2.500 + 2.000) \times 1.6$	21.600	81.60			2.060	1.681	83.280
14	碎石(4cm)	m³	80.000	料场—工地	汽车,1.00,15km	1.500000	$(0.600 \times 15 + 2.500 + 2.000) \times 1.5$	20.250	100.25	1.00	1.003	2.060	2.086	103.340
15	路面用碎石(1.5cm)	m³	95.000	料场—工地	汽车,1.00,15km	1.500000	$(0.600 \times 15 + 2.500 + 2.000) \times 1.5$	20.250	115.25	1.00	1.153	2.060	2.398	118.800
16	路面用碎石(2.5cm)	m³	93.000	料场—工地	汽车,1.00,15km	1.500000	$(0.600 \times 15 + 2.500 + 2.000) \times 1.5$	20.250	113.25	1.00	1.133	2.060	2.356	116.740
17	路面用碎石(3.5cm)	m³	91.000	料场—工地	汽车,1.00,15km	1.500000	$(0.600 \times 15 + 2.500 + 2.000) \times 1.5$	20.250	111.25	1.00	1.113	2.060	2.315	114.680
18	块石	m³	85.000	料场—工地	汽车,1.00,15km	1.850000	$(0.600 \times 15 + 2.500 + 2.000) \times 1.85$	24.975	109.98			2.060	2.266	112.240
19	32.5级水泥	t	350.000	宝鸡—工地	汽车,1.00,60km	1.010000	$(0.650 \times 60 + 2.500 + 2.000) \times 1.01$	43.935	393.94	1.00	3.939	2.060	8.196	406.070

编制：×××　　　　复核：×××

编制范围：××公路路面工程

自采材料名称：砂　　　　　　单位：m³　　　　　　数量：88.560　　　　　　料场价格：21.05　　　　　第1页　共2页　23-1表

代号	工程项目	Ⅰ．人工采筛											合计	
	工程细目	人工水中采堆												
	定额单位	100m³ 堆方												
	工程数量	0.010												
	定额表号	8-1-3-2												
	工、料、机名称	单位	单价(元)	定额	数量	金额(元)	定额	数量	金额(元)	定额	数量	金额(元)	数量	金额(元)
1	人工	工日	105.89	19.300	0.193	20.437							0.193	20.437
2	基价	元	1.00	2051.000	20.510	20.510							20.510	20.510
	直接费	元				20.437								20.437
	辅助生产间接费	元			3.000%	0.615								0.615
	高原取费	元												
	金额合计	元				21.052								21.052

编制：×××　　　　　　　　　　　　　　　　　　　复核：×××

表 3-42

自采材料料场价格计算表

编制范围：××公路路面工程

自采材料名称：中（粗）砂　　　　单位：m³　　　　数量：764.763　　　　料场价格：23.45　　　第 2 页　共 2 页　23-1 表

代号	工程项目	I.人工采筛										合计	
	工程细目	人工采筛堆成品率 51%～70%											
	定额单位	100m³ 堆方											
	工程数量	0.010											
	定额表号	8-1-3-5											
	工、料、机名称	单位	单价(元)	定额	数量	金额(元)	定额	数量	金额(元)	定额	数量	金额(元)	数量	金额(元)
1	人工	工日	105.89	21.500	0.215	22.766							0.215	22.766
2	基价	元	1.00	2285.000	22.850	22.850							22.850	22.850
	直接费	元				22.766								22.766
	辅助生产间接费	元			3.000%	0.683								0.683
	高原取费	元												
	金额合计	元				23.449								23.449

编制：×××　　　　　　　　　　　　　　　　　　　复核：×××

表 3-43

材料自办运输单位运费计算表

编制范围:K0+000~K6+000

自采材料名称:砂　　　　　单位:m³　　　　数量:88.560　　　　单位运费:7.57　　　第1页　共2页　23-2表

代号	工、料、机名称	单位	单价(元)	定额	数量	金额(元)	定额	数量	金额(元)	定额	数量	金额(元)	数量	金额(元)
	工程项目		机动翻斗车运输(配合人工装车)										合计	
	工程细目		机械翻斗车运输土、砂、石屑500m											
	定额单位		100m³											
	工程数量		0.010											
	定额表号		9-1-3-1											
1	1t以内机动翻斗车	台班	213.14	3.550	0.036	7.566							0.036	7.566
2	基价	元	1.00	757.000	7.570	7.570							7.570	7.570
	直接费	元				7.566								7.566
	辅助生产间接费	元			3.000%									
	高原取费	元												
	金额合计	元				7.566								7.566

编制:×××　　　　　　　　　　复核:×××

表 3-44

材料自办运输单位运费计算表

编制范围：K0 + 000 ~ K6 + 000

自采材料名称：中(粗)砂　　　　单位：m³　　　　数量：764.763　　　　单位运费：7.57　　　　第 2 页　共 2 页　23-2 表

代号	工程项目		机动翻斗车运输(配合人工装车)											合计	
	工程细目		机械翻斗车运输土、砂、石屑 500m												
	定额单位		100m³												
	工程数量		0.010												
	定额表号		9-1-3-1												
	工、料、机名称	单位	单价(元)	定额	数量	金额(元)	定额	数量	金额(元)	定额	数量	金额(元)		数量	金额(元)
1	1t 以内机动翻斗车	台班	213.14	3.550	0.036	7.566								0.036	7.566
2	基价	元	1.00	757.000	7.570	7.570								7.570	7.570
	直接费	元				7.566									7.566
	辅助生产间接费	元			3.000%										
	高原取费	元													
	金额合计	元				7.566									7.566

编制：× × ×　　　　　　　　　　　　　　　　　　　　　复核：× × ×

建设项目名称:××公路路面工程

编制范围:K0+000～K6+000　　　　　　　　第1页　共1页　24表

序号	代号	规格名称	台班单价(元)	不变费用(元) 调整系数:1		可变费用(元)																	车船税	合计
						人工 105.89 (元/工日)		汽油 8.50 (元/kg)		柴油 7.50 (元/kg)		重油 4.00 (元/kg)		煤 561.95 (元/t)		电 0.85 [元/(kW·h)]		水 2.50 (元/m³)		木柴 0.71 (元/kg)			
				定额	调整值	定额	金额	定额	金额	定额	金额	定额	金额	定额	金额	定额	金额	定额	金额	定额	金额		
1	8001025	0.6m³以内履带式液压单斗挖掘机	833.92	341.26	341.26	2.00	211.78			37.45	280.88												492.66
2	8001047	2.0m³以内轮胎式装载机	993.92	188.38	188.38	1.00	105.89			92.86	696.45											3.20	805.54
3	8003031	4000L内液态沥青运输车	425.55	318.16	318.16	1.00	105.89															1.50	107.39
4	8003052	240t/h内沥青混合料拌和设备	51002.29	6012.39	6012.39	3.00	317.67							10340.35	41361.40	3895.09	3310.83						44989.90
5	8003060	12.5m内沥青混合料摊铺机	3807.43	2468.03	2468.03	3.00	317.67			136.23	1021.73												1339.40
6	8003062	2.5～3.5m稀浆封层机	2967.66	1979.33	1979.33	2.00	211.78			103.54	776.55												988.33
7	8003065	15t以内振动压路机(双钢轮)	1644.01	826.23	826.23	2.00	211.78			80.80	606.00												817.78
8	8003067	16～20t轮胎式压路机	767.67	343.78	343.78	1.00	105.89			42.40	318.00												423.89
9	8003068	20～25t轮胎式压路机	956.37	472.48	472.48	1.00	105.89			50.40	378.00												483.89

序号	代号	规格名称	台班单价（元）	不变费用（元）调整系数:1		可变费用（元）														车船税	合计
						人工 105.89（元/工日）		汽油 8.50（元/kg）		柴油 7.50（元/kg）		重油 4.00（元/kg）		煤 561.95（元/t）		电 0.85［元/(kW·h)］		水 2.50（元/m³）		木柴 0.71（元/kg）			
				定额	调整值	定额	金额	定额	金额	定额	金额	定额	金额	定额	金额	定额	金额	定额	金额	定额	金额		
10	8005002	250L以内强制式混凝土搅拌机	177.47	25.51	25.51	1.00	105.89									54.20	46.07						151.96
11	8007012	5t以内自卸汽车	584.03	120.53	120.53	1.00	105.89	41.91	356.24													1.37	463.50
12	8007014	8t以内自卸汽车	684.90	205.99	205.99	1.00	105.89			49.45	370.88											2.14	478.91
13	8007024	20t以内平板拖车组	958.99	400.45	400.45	2.00	211.78			45.26	339.45											7.31	558.54
14	8007043	10000L以内洒水汽车	1110.50	605.76	605.76	1.00	105.89			52.80	396.00											2.85	504.74
15	8007046	1t以内机动翻斗车	213.14	39.48	39.48	1.00	105.89			9.00	67.50											0.27	173.66
16	8009027	12t以内汽车式起重机	854.06	408.05	408.05	2.00	211.78			30.59	229.43											4.80	446.01
17	8009032	40t以内汽车式起重机	2238.15	1650.99	1650.99	2.00	211.78			48.61	364.58											10.80	587.16
18	8009034	75t以内汽车式起重机	3503.57	2803.99	2803.99	2.00	211.78			62.44	468.30											19.50	699.58

编制：××× 复核：×××

辅助生产人工、材料、施工机械台班单位数量表

表 3-46

建设项目名称：××公路路面工程
编制范围：K0+000～K6+000

第1页 共1页 25表

序号	规格名称	单位	人工（工日）	1t以内机动翻斗车（台班）					
1	砂	m³	0.193	0.036					
2	中(粗)砂	m³	0.215	0.036					

编制：×××   复核：×××

······ 《 模 块 考 核 》 ·······

一、思考题

1. 公路工程概算、预算的含义是什么？如何进行分类？

2. 编制公路工程概算、预算的依据有哪些？

3. 公路工程概算、预算由哪些费用组成？

4. 公路建筑安装工程费由哪些费用组成？

5. 直接费包括哪些内容？如何计算？

6. 如何正确选用费率计算措施费、规费及企业管理费？

7. 公路建筑安装工程费的计算程序是什么？如何计算？

8. 企业管理费包括哪些内容？

9. 专项费用包括哪些内容？如何计算？

10. 公路工程建设项目管理费包括哪些内容？如何计算？

11. 土地使用及拆迁补偿费包括哪些内容？如何计算？

12. 建设单位(业主)管理费包括哪些内容？

13. 工程保通管理费包括哪些内容？

14. 什么是价差预备费？如何计算？

15. 基本预备费的含义是什么？有哪些用途？

二、填空题

1. 直接费由_____、_____和_____组成。

2. 机械台班单价由_____和_____两部分费用组成。

3. 特殊地区施工增加费包括_____、_____和_____。

4. 设计文件审查费以_____为计算基数,按_____计算。

5. 生产人员培训费按_____和_____的标准计算。

6. 工程监理费以_____为计算基数。

7. 竣(交)工验收试验检测费,高速公路、一级公路按_____车道计算,二级及以下等级公路按_____车道计算。

8. 价差预备费以_____为计算基数,按_____和_____计算。

模块四

CHAPTER FOUR

公路工程招投标阶段造价编制

知识目标

(1)熟悉公路基本建设项目工程清单的组成；
(2)了解公路工程标底或最高投标限价费用的组成；
(3)熟悉公路工程投标报价费用的组成；
(4)熟悉公路工程投标的策略与技巧。

能力目标

(1)能编制某公路工程项目的工程量清单；
(2)能编制某公路工程项目的标底或最高投标限价；
(3)能编制某公路工程项目的投标报价。

素质目标

(1)通过学习投标报价计算,尤其是综合单价的确定方法和单价重分配的原则,提升对投标工作重要性和技巧性的认识,懂得科学规划、合理谋利的途径；

(2)通过学习投标策略和技巧,通过讲解合法的、有效的投标策略和技巧,根据课堂讲解,分析违规行为对市场公平性的重大危害,要求认清职业行为准线,树立公平竞争、合规合法的职业意识；

(3)投标报价编制过程中调查工作量大、数据冗杂,在编制过程中应养成沟通协调、团队合作的意识。

单元一　工程量清单

引导语

　　本单元主要讲解工程量清单的组成内容,应了解工程量清单的重要性,熟悉工程量清单的组成内容,能够编写公路工程项目的工程量清单,并完成教材配套的工作页"学习任务 3:工程量清单编制专项训练"。

相关知识

一、工程量清单与清单工程量的概念

　　工程量清单是招标单位按照一定的原则将招标的工程进行合理分解,以明确工程的内容和范围,并将这些内容数量化的一套工程项目表。工程量清单是合同文件之一,它反映出每一个相对独立项目的主要内容和预算数量,并且通常以每一个体工程为对象,按分部分项工程列出工程数量。我国的公路工程招标都由招标单位提供工程量清单。《公路工程标准施工招标文件(2018 年版)》第五章专门介绍工程量清单,并给出了详细的工程细目表,以供招标单位制作工程量清单时参考。

　　清单工程量是指工程量清单中所列的工程数量,它是在实际施工生产前根据设计图纸和说明及工程量计算规则得到的一种准确性较高的预计数量,仅作为投标报价的共同基础,不能作为最终结算与支付的依据。实际支付应按实际完成的工程量,由承包人按技术规范规定的计量方法,以监理人认可的尺寸、断面计量,按本工程量清单的单价和总额价计算支付金额。尽管如此,在制作工程量清单时,应认真细致地计算工程量,力求准确,从而使清单所列工程量与实际工程量的差距尽可能小。

　　计算清单工程量时,一定要注意与技术规范设计图纸的统一,也就是说工程量清单的工程量,其计算规则应与技术规范的计算规则完全一致。特别是当同一个工程由不同单位设计,不同单位编制技术规范和工程量清单时,应通过认真分析确定统一的工程量计算规则,并注意做好协调工作,否则会给评标和将来的施工监理工作带来麻烦。

二、工程量清单的内容及编制

（一）工程量清单的内容

　　工程量清单包括工程量清单说明、投标报价说明、计日工说明、其他说明、工程量清单表、计日工表、暂估价表、投标报价汇总表、工程量清单单价分析表等。

　　1.工程量清单说明

　　工程量清单说明主要包括以下几个方面。

（1）本工程量清单是根据招标文件中包括的有合同约束力的工程量清单计量规则、图纸以及有关工程量清单的国家标准、行业标准、合同条款中约定的其他规则编制。约定计量规则中没有的子目，其工程量按照有合同约束力的图纸所标示尺寸的理论净量计算。计量采用中华人民共和国法定计量单位。

（2）本工程量清单应与招标文件中的投标人须知、通用合同条款、专用合同条款、工程量清单计量规则、技术规范及图纸等一起阅读和理解。

（3）本工程量清单中所列工程数量是估算的或设计的预计数量，仅作为投标报价的共同基础，不能作为最终结算与支付的依据。实际支付应按实际完成的工程量，按本工程量清单的单价和总额价计算支付金额；或根据具体情况，按监理人确定的单价或总额价计算支付额。

（4）对作业和材料的一般说明或规定，未重复写入工程量清单内，在给工程量清单各子目标价前，应参阅《公路工程标准施工招标文件（2018 年版）》第七章"技术规范"的有关内容。

（5）工程量清单中所列工程量的变动，丝毫不会降低或影响合同条款的效力，也不会免除承包人按规定的标准进行施工和修复缺陷的责任。

（6）图纸中所列的工程数量表及数量汇总表仅是提供资料，不是工程量清单的外延。当图纸与工程量清单所列数量不一致时，以工程量清单所列数量作为报价的依据。

2. 投标报价说明

投标报价说明主要包括以下几个方面。

（1）工程量清单中的每一子目须填入单价或价格，且只允许有一个报价。

（2）除非合同另有规定，工程量清单中有标价的单价和总额价均已包括为实施和完成合同工程所需的劳务、材料、机械、质检（自检）、安装、缺陷修复、管理、保险、税费、利润等费用，以及合同明示或暗示的所有责任、义务和一般风险。

（3）工程量清单中投标人没有填入单价或价格的子目，其费用视为已分摊在工程量清单中其他相关子目的单价或价格之中。承包人必须按监理人指令完成工程量清单中未填入单价或价格的子目，但不能得到结算与支付。

（4）符合合同条款规定的全部费用应认为已被计入有标价的工程量清单所列各子目之中，未列子目不予计量的工作，其费用应视为已分摊在本合同工程的有关子目的单价或总额价之中。

（5）承包人用于本合同工程的各类装备的提供、运输、维护、拆卸、拼装等支付的费用，已包括在工程量清单的单价与总额价之中。

（6）工程量清单中各项金额均以人民币（元）结算。

3. 计日工说明

计日工是指在工程实施过程中，业主可能有一些临时性的或新增加的项目，且其工程量在招标投标阶段难以估计，希望事先定价，以避免开工后可能发生的争端，故需要以计日工明细表的方法在工程量清单中予以明确。

计日工说明主要有以下内容。

（1）未经监理人书面指令，任何工程不得按计日工施工；接到监理人按计日工施工的书面指令，承包人也不得拒绝。

（2）投标人应在计日工单价表中填列计日工子目的基本单价或租价，该基本单价或租价适用于监理人指令的任何数量的计日工的结算与支付。计日工的劳务、材料和施工机械由招标人(或发包人)列出正常的估计数量，投标人报出单价，计算出计日工总额后列入工程量清单汇总表中，并进入评标价。

（3）计日工不调价。

4. 工程量清单表

工程细目是按技术规范的章节顺序，将各细目的工程数量置于表中。表中有子目号、子目名称、单位、数量、单价及合价栏目。工程细目分章排列有利于区别不同性质、不同位置、不同施工阶段或其他特性不同的工程，也有利于区别需要采用不同施工方法或不同施工阶段或成本不一样的工程。表中的单价和合价栏是由投标人在投标时填写，其余各栏在编写招标文件时填写确定。

第 100 章总则内容为开办项目，即工程施工开工前就要发生或一开工就要发生或大部分发生的项目，如保险费、临时工程与设施、施工标准化等费用。在工程量清单及技术规范中，这些项目单独列项，放在清单第 100 章总则中，具体格式如表 4-1 所示。

清单　第 100 章　总则　　　　　　　　　　表 4-1

子目号	子目名称	单位	数量	单价	合价
101	通则				
101-1	保险费				
– a	按合同条款规定，提供建筑工程一切险	总额			
– b	按合同条款规定，提供第三者责任险	总额			
102	工程管理				
102-1	竣工文件	总额			
102-2	施工环保费	总额			
102-3	安全生产费	总额			
102-4	信息化系统(暂估价)	总额			
103	临时工程与设施				
103-1	临时道路修建、养护与拆除(包括原道路的养护)	总额			
103-2	临时占地	总额			
103-3	临时供电设施架设、维护与拆除	总额			
103-4	电信设施的提供、维修与拆除	总额			
103-5	临时供水与排污设施	总额			
104	承包人驻地建设				
104-1	承包人驻地建设	总额			
105	施工标准化				
105-1	施工驻地	总额			
105-2	工地试验室	总额			
105-3	拌和站	总额			

续上表

子目号	子目名称	单位	数量	单价	合价
105-4	钢筋加工场	总额			
105-5	预制场	总额			
105-6	仓储存放地	总额			
105-7	各场(厂)区、作业区连接道路及施工主便道	总额			

清单　第 100 章　合 计　人民币_____

第 100 章以后的各章一般为永久性工程项目,如路基、路面、桥梁及涵洞、隧道等。其工程量应根据图纸中的工程量并按技术规范的规定处理后确定,以路基为例,具体格式如表 4-2 所示。

清单　第 200 章　路基　　　　　　　　　　　　　　　　　　表 4-2

子目号	子目名称	单位	数量	单价	合价
202	场地清理				
202-1	清理与掘除				
−a	清理现场	m²			
−b	砍伐树木	棵			
−c	挖除树根	棵			
202-2	挖除旧路面				
−a	水泥混凝土路面	m³			
−b	沥青混凝土路面	m³			
−c	碎石路面	m³			
202-3	拆除结构物				
−a	钢筋混凝土结构	m³			
−b	混凝土结构	m³			
−c	砖、石及其他砌体结构	m³			
−d	金属结构	kg			
202-4	植物移栽				
−a	移栽乔(灌)木	棵			
−b	移栽草皮	m²			
203	挖方路基				
203-1	路基挖方				
−a	挖土方	m³			
−b	挖石方	m³			
−c	挖除非适用材料(不含淤泥、岩盐、冻土)	m³			
−d	挖淤泥	m³			
−e	挖岩盐	m³			

续上表

子目号	子目名称	单位	数量	单价	合价
– f	挖冻土	m³			
203-2	……				

清单　第200章　合计　人民币_____

5. 计日工表

计日工表由计日工劳务、计日工材料、计日工施工机械等内容组成。在招标文件中一般列有劳务、材料、施工机械和计日工汇总表,其格式分别见表4-3~表4-6。

劳务
表4-3

编号	子目名称	单位	暂定数量	单价	合价
101	班长	h			
102	普通工	h			
103	焊工	h			
104	电工	h			
105	混凝土工	h			
106	木工	h			
107	钢筋工	h			
	……				

劳务小计金额:

(计入"计日工汇总表")

材料
表4-4

编号	子目名称	单位	暂定数量	单价	合价
201	水泥	t			
202	钢筋	t			
203	钢绞线	t			
204	沥青	t			
205	木材	m³			
206	砂	m³			
207	碎石	m³			
208	片石	m³			
	……				

材料小计金额:_____

(计入"计日工汇总表")

施工机械 表 4-5

编号	子目名称	单位	暂定数量	单价	合价
301	装载机				
301-1	1.5m³ 以下装载机				
301-2	1.5～2.5m³ 装载机	h			
302	推土机				
302-1	90kW 以下推土机				
302-2	90～180kW 推土机	h			

施工机械小计金额：_____

（计入"计日工汇总表"）

计日工汇总表 表 4-6

名称	金额	备注
劳务		
材料		
施工机械		

计日工总计：

（计入"投标报价汇总表"）

计日工清单用于处理临时性的或新增加的项目（可以用计日工的形式来计价）的计价,清单中计日工的数量是由业主虚拟的,通常称为"名义工程量",投标者在填入计日工单价后,再乘以"名义工程量",然后将计日工总计汇总到投标报价中,以避免承包人投标时将计日工的单价报得过高。

6. 暂估价表

暂估价是指包括在合同之内,并在工程量清单中以"暂定金额"名称标明的一项金额。

（1）实施本工程中尚未以图纸最后确定其具体细节或某一工程部分或在施工过程中可能增加的工程细目或支付细目,而这些细目在招标时尚未能确定下来,可列为暂定金额。

（2）为了专项工程或施工供货、供材、提供设备而由特殊分包人或供货人提供专业服务的项目可列为专项暂定金额。

（3）不可预见费可列为专项暂定金额。

暂估价表由材料暂估价表、工程设备暂估价表、专业工程暂估价表等内容组成,以材料暂估价表为例,其格式如表 4-7 所示。

材料暂估价表　　　　　　　　　　　　　　　　表 4-7

序号	名称	单位	数量	单价	合价	备注

7. 投标报价汇总表

投标报价汇总表格式如表 4-8 所示。

投标报价汇总表　　　　　　　　　　　　　　　　表 4-8

序号	章次	科目名称	金额(元)
1	100	总则	
2	200	路基	
3	300	路面	
4	400	桥梁、涵洞	
5	500	隧道	
6	600	安全设施及预埋管线	
7	700	绿化及环境保护设施	
8		第 100～700 章清单合计	
9		已包含在清单合计中的材料、工程设备、专业工程暂估价合计	
10		清单合计减去材料、工程设备、专业工程暂估价合计(即 8－9)[①]	
11		计日工合计	
12		暂列金额(不含计日工总额)[②]	
13		投标报价(即 8＋11＋12)	

注:①材料、工程设备、专业工程暂估价已包括在清单合计中,不应重复计入投标报价。
　　②暂列金额的设置不宜超过工程量清单第 100～700 章合计金额的 3%。

8. 工程量清单单价分析表

工程量清单单价分析表格式如表 4-9 所示。

工程量清单单价分析表　　　　　　　　　　　　　　　　表 4-9

序号	编码	子目名称	人工费			材料费						其他	管理费	税费	利润	综合单价
			工日	单价	金额	主材				辅材费	金额					
						主材耗量	单位	单价	主材费							

续上表

序号	编码	子目名称	人工费			材料费						其他	管理费	税费	利润	综合单价
						主材				辅材费	金额					
			工日	单价	金额	主材耗量	单位	单价	主材费							

（二）工程量清单的编制

在编写工程量清单时要注意以下几点。

（1）将开办项目作为独立的工程细目单列。

开办项目往往是一开工就要发生或开工前就要发生的项目，如工程保险、担保、监理设施、承包人的驻地建设、测量放样、临时工程等。如果将这些项目包含在其他项目的单价中，在承包人在开工时上述各种款项将得不到及时支付，这不仅会影响合同的公平性和承包人的资金周转，而且会增加招标中预付款的数量。

（2）合理划分工程项目。

在划分工程细目时，要注意将不同等级要求的工程区分开；将同一性质但不属于同一部位的工程区分开；将情况不同、可能要进行不同报价的项目区分开。这一做法主要是为了强化工程投标中的竞争性，使投标人报价更加具体，针对不同的情况可以采用不同的单价，便于降低总造价。

（3）工程细目的划分要大小合适。

工程细目的划分可大可小，工程细目大，可减少计算工作量，但太大就难以发挥单价合同的优势，不便于工程变更的处理。另外，工程细目太大也会使支付周期延长，影响承包人的资金周转，最终影响合同的正常履行。

工程细目的划分不是绝对的，既要简单明了、高度概括，又不能漏掉项目和应计价的内容，要结合工程实际，具体问题具体处理，灵活划分。

（4）工程量的计算整理要细致、准确。

计算和整理工程量的依据是设计图纸和技术规范，这是一项严谨的技术工作，而不是简单地罗列设计文件中的工程量。要认真阅读技术规范中的计量和支付方法，仔细核查设计文件中工程量所对应计量方法与技术规范中的计量方法是否一致，如不一致，则需在整理工程量时进行技术处理。此外，在工程量的计算过程中，要做到不重不漏，更不能发生计算错误，否则后续将会有一系列问题。

（5）不可缺少计日工表。

计日工表用于处理附加的或小型的变更工程的计价，清单中计日工的数量是由业主虚拟的，用以避免承包人在投标时将计日工的单价报得过高，计日工表会使合同管理更加方便。

（6）应与技术规范统一。

工程量清单的编号、项目、单位等要与《公路工程标准施工招标文件（2018 年版）》的第七章"技术规范"、第八章"工程量清单计量规则"统一，从而保证整个合同的严密性和前后一致性。

单元二　标底或最高投标限价的编制

引导语

本单元主要讲解标底或最高投标限价的概念和编制程序，应了解并熟悉公路工程项目标底或最高投标限价的编制方法。

相关知识

一、标底或最高投标限价的概念

1. 标底

招标标底是建筑产品在建设市场交易中的一种预期价格，它由招标单位自行编制或委托具有编制标底资格和能力的中介机构代理编制。标底的编制过程是对招标项目所需工程费用的自我测算过程。标底编制可以促使业主事先加强工程项目的成本调查和成本预测，做到各项费用心中有数，为做好评标工作进而做好施工过程的投资控制工作打好基础。

《中华人民共和国招标投标法》第二十二条规定："招标人设有标底的，标底必须保密。"因此，标底是招标单位的绝密资料，不能向任何相关人员泄露。国内大部分工程在招标评标时，均以标底上下的一个幅度（5% ~ 10%）作为判断投标是否合格的条件。

招投标实践证明设置标底招标存在以下弊端。

（1）易发生泄露标底及暗箱操作问题，失去招标的公平公正性。

（2）编制的标底价一般为预算价，科学合理性差，较难考虑施工方案、技术措施对造价的影响，容易与市场造价水平脱节。

（3）将标底作为衡量投标人报价的基准，导致投标人尽力地迎合标底，往往招投标过程反映的不是投标人实力的竞争，而是投标人编制预算文件能力的竞争，或者是各种合法或非法的"投标策略"的竞争。

（4）若所有投标人的投标报价均高于招标人的标底，即使是众多报价中的最低价，也超出了招标人的预期，用此方法产生的中标价虽合法但不合理。

2003 年推行工程量计价以后，各地基本取消了中标价不得低于标底多少的规定，即出现了"无标底招标",新问题也随之产生,包括以下内容。

(1)容易出现围标、串标现象,各投标人哄抬价格,给招标人带来投资失控的风险。

(2)容易出现低价中标后偷工减料,不顾工程质量,以此来降低工程成本;或先低价中标,后高额索赔等不良后果。

(3)评标时,招标人对投标人的报价没有参考依据和评判标准。

2. 最高投标限价

最高投标限价也称招标控制价或拦标价,是招标人根据招标项目内容范围、需求目标、设计图纸、技术标准、招标工程量清单等,结合有关规定、规范标准、投资计划、工程定额、造价信息、市场价格以及合理可行的技术经济实施方案,通过科学测算并在招标文件中公开的招标人可接受的最高投标价格(或最高投标价格计算方法)。最高投标限价可以是具体数额,也可以是计算方法。

如果招标人设定了最高投标限价,则该最高投标限价应当在招标文件中公布。投标报价超出最高投标限价时,投标将被评标委员会否决。招标人设定最高投标限价时应当慎重,否则容易造成招标失败。通常情况下,潜在投标人不多、投标竞争不充分或者容易引起围标、串标的招标项目需要设定最高投标限价。

二、标底或最高投标限价的编制原则和依据

1. 标底或最高投标限价的编制原则

(1)标底或最高投标限价应反映建筑产品的价值,即在编制过程中应遵循价值规律。

(2)标底或最高投标限价应反映建筑市场的供求状况对建筑产品价格的影响,即服从供求规律。

(3)标底或最高投标限价应反映出一种平均先进的社会生产力水平,以达到通过招标促使社会劳动生产力水平提高的目的。

标底或最高投标限价的编制原则决定了其不同于工程的概(预)算,同时,标底或最高投标限价的编制又离不开工程的概(预)算。这是因为一方面,国家规定招标控制价必须控制在批准的概算或投资包干的限额之内。如标底或最高投标限价突破批准的概(预)算,必须先经原概(预)算批准机关批准。另一方面,由于技术及经验和所掌握的资料的限制,编制单位不得不以概(预)算定额及概(预)算编制办法为基础来进行成本预测,并以此作为标底或最高投标限价编制的依据。

标底或最高投标限价和概(预)算的主要区别在于:(1)前者要按工程量清单的项目和数量进行编制,后者则按定额项目和以图纸计算的工程数量套用相应定额进行编制;(2)前者可根据现场具体情况,考虑必要的工程特殊措施费,如边通车边施工路段具体的维持通车的措施费,后者除在其他工程费中计算行车干扰工程施工增加费外,一般不能再计其他费用;(3)前者可根据具体工程和不同的承包方式考虑不同的包干系数,后者则按规定的不可预见费率计算;(4)前者中的措施费、企业管理费、利润、税金的费率应根据招标工程的规模、地区条件、招标方式和投标单位的实际情况确定,后者则按费用定额规定编制。

2.标底或最高投标限价的编制依据

(1)公路工程工程量清单计价规范;

(2)国家或省级、行业建设主管部门颁发的计价定额和计价办法;

(3)公路工程设计文件及相关资料;

(4)招标文件中的工程量清单及有关要求;

(5)与建设项目相关的标准规范、技术资料;

(6)工程造价管理机构发布的工程造价信息,工程造价信息没有发布的参照市场价;

(7)其他相关资料。

三、标底或最高投标限价的编制程序

标底或最高投标限价的编制程序基本上和概(预)算相同,但它比概(预)算的要求更为具体和确切,因此更应结合招标工程的实际情况进行编制。

标底或最高投标限价编制的具体步骤和方法如下。

1.准备工作

(1)熟悉招标图纸和说明;

(2)熟悉招标文件内容;

(3)考察工程现场;

(4)进行材料价格调查。

2.计算工程量

(1)复核清单工程量。

招标文件工程量清单中的工程量是投标人投标报价的统一依据,也是编制招标控制价的依据,因此,首先要清楚工程量清单中工程数量的范围,根据图纸,利用技术规范中计量支付的规定计算复核工程数量,如和清单工程量有出入,必须厘清存在出入的原因。

(2)按定额计算工程量。

工程量清单复核无误以后,接着应以工程量清单的每一个细目作为一个项目,根据图纸和施工组织方案,考虑其由几个定额细目组成,并计算这几个定额细目的工程量。如工程量清单的一个细目是"直径1.2m水中钻孔灌注桩",技术规范计量与支付中规定,除钢筋在钢筋一节中另行计算外,它包括了灌注桩成桩的所有工作,一般可由以下定额项目组成:不同土质的钻孔长度,护筒埋设,水中钻孔平台,灌注混凝土,船上拌和台和泥浆船摊销,船上拌和混凝土等。有定额可套的临时工程,如便道、便桥等的工程量,也应按施工方案予以计算确定。

3.确定人工、材料、机械台班单价

根据准备工作中收集到的资料,计算和确定人工、材料、机械台班单价。

4.计算综合费率

综合费率由措施费、规费、企业管理费、利润、税金等组成,要根据招标文件中有关条款和《公路工程建设项目概算预算编制办法》(JTG 3830—2018)的有关规定确定各项费率。

5.计算工程项目总金额

按《公路工程建设项目概算预算编制办法》（JTG 3830—2018）计算各项工程项目的总金额。

6.编制清单细目的单价

编制清单细目的单价即根据工程量清单各工程细目所包含的工作内容及相应的计量与支付办法，在概（预）算工作的基础上，对21-2表中的分项工程进行适当合并、分解或用其他技术处理，然后按综合费率增加税金、风险、包干费等项目，确定各工程细目的招标控制价单价。

也可直接利用03表，在增加风险、包干费等项目后，计算出每项的合计金额，再除以该工程量，则得出单价。

7.计算标底或最高投标限价总金额

按工程量清单计算各章金额，其中第100章总则中的保险费、临时工程费、安全生产费等按实计算列入，其余各章按工程量清单中的数量乘以前一步骤中得出的单价计算，然后计算工程量清单汇总表，得出标底或最高投标限价总金额。

8.编写标底或最高投标限价说明

计算出标底或最高投标限价总金额后，应编写标底或最高投标限价编制说明。编制说明的内容与概（预）算编制说明相似，应将编制依据、费率取定、问题说明等有关问题编写在内。

单元三　施工投标报价的编制

引导语

本单元主要讲解施工投标报价的编制程序和计算方法，以及投标的策略和技巧，应熟悉投标报价的编制方法，能够完成公路工程项目的投标报价和教材配套的工作页"学习任务4：投标报价编制专项训练。"

相关知识

投标报价是整个投标活动的核心环节，报价高低将直接影响能否中标和中标后能否盈利。报价费用一般由施工成本、利润、税金和风险费用等组成。国内工程报价编制主要采用施工图预算的编制方法和工程量清单的格式。

一、投标报价的含义及编制依据

（一）投标报价的含义

投标报价是投标单位根据投标文件及有关定额和招标项目所在地区的自然、社会和经济及施工组织方案和投标单位自身条件,计算完成招标工程所需各项费用的经济文件。投标报价是投标文件最重要的组成部分和主要内容,是投标工作的关键和核心,也是决定能否中标的主要依据。报价是投标的核心,它不仅是能否中标的关键,而且也是中标后能否盈利、盈利多少的主要决定因素之一。

(二)编制投标报价的依据

1.招标文件

投标就是实质性响应招标文件的过程,所以招标文件是编制投标报价的重要资料。投标人在编制报价前,应仔细研究招标文件,以全面了解承包人在合同中的权利与义务,同时深入分析施工承包中所面临的和需要承担的风险,详细研究招标文件中的漏洞和疏忽,为制定投标策略寻找依据。

2.现场考察收集的资料

现场考察是投标人全面了解现场施工环境及风险的重要途径,是做好投标报价编制工作的先决条件。因此,投标人在报价前必须认真地进行现场考察,全面了解当地情况,收集各种有关资料。

现场考察的具体内容如下。

(1)气象及水文地质资料:地质与设计文件是否相符,项目所在地的水文情况及通常情况下的气候条件。

(2)工程施工条件:材料的供应情况与价格;交通运输情况;通信与水、电供应情况;当地可提供的劳动力数量、水平及工资情况;机械设备租赁情况及价格;当地可利用的房屋场地情况与单价。

(3)经济方面资料:当地的经济发展水平和通货膨胀情况等。

(4)社会条件:应对工程项目所在地的历史、风俗及社会、经济的发展情况进行必要的调查了解,它对项目的顺利实施与工程造价有着很大的影响。

(5)其他方面:当地有关医疗、环保、安全、治安情况等。

3.施工组织设计

施工组织设计的优劣不仅关系施工能否顺利进行,而且影响造价的高低。在投标时要编制出切实可行的施工组织设计,并以此作为编制报价的依据。

4.投标人自身资料

通常有三方面内容:(1)投标人近5年完成工程的成本分析资料和中标项目的报价资料,尤其是类似项目;(2)投标人拟投入的人员、设备、资金等情况;(3)投标人的企业定额。

5.竞争对手的信息与资料

略。

6.其他资料

(1)招标文件所规定的各种国家标准、部颁标准、技术规范等。

(2)《预算定额》、《公路工程建设项目概算预算编制办法》(JTG 3830)及地方政府颁发的有关收费标准和补充定额。

二、投标报价的编制程序

报价工作内容繁多,工作量大,时间往往十分紧迫,因此必须周密考虑,统筹安排,遵照一定的工作程序,使报价工作有条不紊、紧张而有序地进行。其工作程序如图4-1所示。

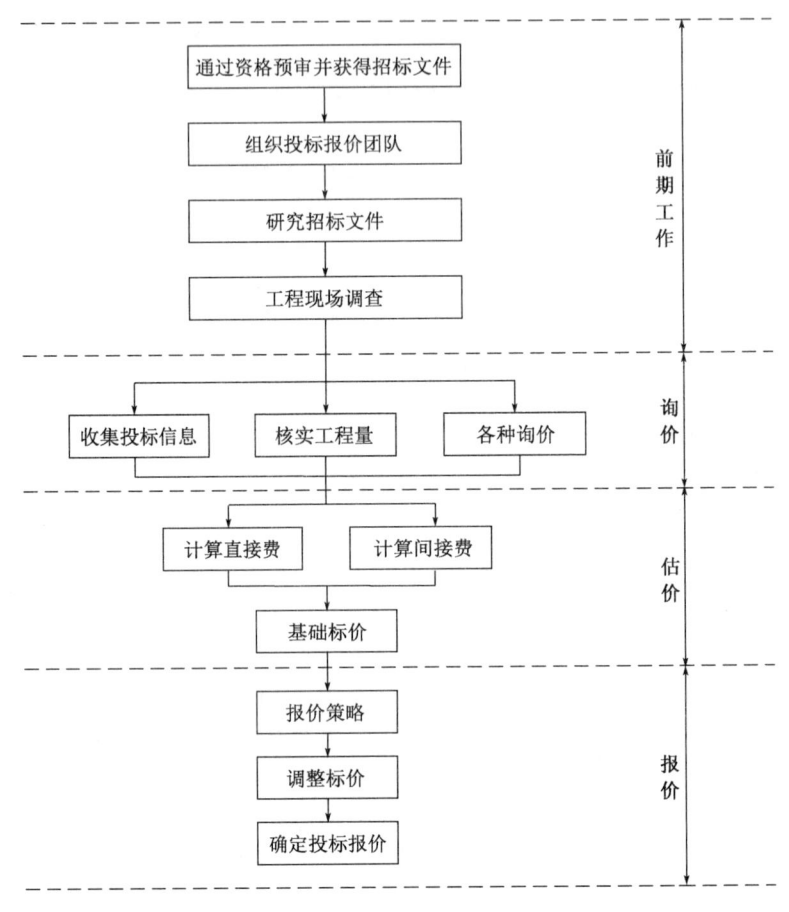

图 4-1 报价工作程序

(一) 前期工作

1.取得投标资格

投标资格的取得有两种形式,一种要求事先参加资格预审,只有通过资格预审的单位才有资格参加投标;另一种是资格后审,即在开标后进行资格审查,只要投标单位认为符合招标广告规定的资格要求,在递交了投标申请后即可取得投标资格,参加下一阶段的投标工作。

2.组织投标团队

组织合格的投标团队是在竞争中取胜的一个重要因素,报价班子应该由经营管理人才、专业技术类人才、商务金额型人才(指造价、财务、合同、金额、保险等方面的人才)等三种类型的人才组成。在参加投标的过程中,上述三种类型人才相互补充,形成整体优势。

3. 研究招标文件

研究招标文件的目的是:(1)正确理解招标文件和业主的意图,使投标文件对招标文件要求进行实质性响应,并保证投标有效,力求中标;(2)全面了解承包人在合同中的权利和义务;(3)深入分析施工承包中面临的和需要承担的风险;(4)缜密确定招标文件中的漏洞和疏忽,为制定投标策略寻找依据,创造条件。

4. 工程现场考察(或调查)和参加标前会议

现场考察是承包人投标前全面了解现场施工环境、风险的重要途径,是投标人报价的先决条件。按照国际惯例,投标人提出的报价单一般被认为是在现场勘察的基础上提出的,一旦标书交出并在投标截止日期之后,投标人就无法因现场勘察不周、情况了解不细或考虑不全面,而提出调整报价或给予补偿等要求。另外,编制标书需要的许多数据和情况也要从现场勘察中得出,因此,投标人在报价以前必须认真地进行施工现场勘察,全面、细致地了解工地及周围的政治、经济、地理、法律等情况,收集与报价有关的各种风险与数据。

标前会议也称投标预备会,是由招标单位以正式会议的形式解答投标单位在考察前或考察后以书面形式提出的各种问题,并在会议结束后以"会议纪要"的文字形式通知投标人。标前会议是招标人给所有投标人提供的一次答疑的机会,有利于投标人加深对招标文件的理解,投标人应积极参加标前会议。

(二)询价相关工作

1. 收集投标信息

在询价时,必须进行投标信息的收集与分析。投标信息是非常宝贵的资源,正确、全面、可靠的信息,对于投标决策起着至关重要的作用。投标信息包括影响投标决策的各种主观因素和客观因素。主观因素主要有企业技术和经济方面的实力、企业的管理能力和社会信誉等;客观因素主要有业主和监理工程师的情况、项目的社会环境、项目的社会经济条件、竞争环境、工程项目的难易程度等。

2. 核实工程量、编制施工组织设计

(1)核实工程量。

招标文件中"工程量清单"上列出的工程量是估算的工程量,不能作为承包人在履行合同义务过程中应予以完成的实际工程量。一般来说,招标文件中给出的工程量都比较准确,但投标人不能完全相信它,还应进行核实,否则一旦有漏项或其他错误,就会影响中标或造成不应有的经济损失甚至亏本。因此,有必要对工程量进行复核。核对工程量应重点做好以下几项工作。

①全面核实设计图纸中各分项工程的工程量;

②计算受施工方案(施工方法)影响而额外发生(设计图纸中未能计算进去的)和消耗的工程量;

③根据技术规范中计量与支付的规定折算出新的工程量(在折算过程中有时需要对设计图纸中的工程量进行分解或合并)。

如果发现工程量有重大出入,特别是漏项时,可在标前会议中提出,要求业主给予书面确认,切记不要随意更改或补充工程量,以免造成废标。

(2)编制施工组织设计。

在计算标价之前,首先应制订施工规划,即初步的施工组织计划。施工规划是投标报价的一个前提条件,也是招标单位评标时要考虑的因素之一。施工组织设计内容一般包括工程进度计划和施工方案等。

3.询价

询价是报价中非常重要的一个环节,建筑材料、施工机械设备的价格优势差异较大,"货比三家"对承包人总是有利的。询价包括生产要素的询价和分包询价两个方面。

(1)生产要素的询价包括以下内容。

①材料询价。主要包括材料的价格、供应数量、运输等。

②施工机械设备询价。在外地施工需用的机械设备,不一定要从本地运往工程所在地,有时在当地租赁或采购可能更为有利。必须采购的机械设备,可向供应厂商询价。对于租赁的机械设备,可向专门从事租赁业务的机构询价,包括机械每台班的租赁费、机械停滞时租赁费、燃料费及机上人员工资是否在台班租赁费之内等。无论是外购还是租赁,都需考虑机械进出场费用。

③劳务询价。承包工程可使用本企业的工人,也可从本地或工程所在地的劳务市场雇用工人。具体应经过比较确定。

(2)分包询价。

对于一些专业性较强或风险较大的分项工程,可以采用分包的方式由分包人完成。分包人不是总承包人的雇用人员,其赚取的不只是工资,还有利润。分包工程的报价高低,对总包商的总报价影响较大。总包人确定分包人后,应在分包报价的基础上加上一笔适当的管理费,纳入工程总报价。

(三)估价(基础标价的计算)

估价是指估价人员在施工总进度计划、主要施工方法、分包商和资源安排确定后,根据本公司的工料机消耗水平(企业定额)及询价结果,对本公司完成招标工程所需要费用的分析计算。其原则是根据本公司的实际情况合理确定施工成本和待摊费用,不考虑其他因素,不涉及投标决策问题、利润的高低及施工风险,即成本价由直接费、设备购置费、措施费、企业管理费、规费、税金、专项费用等组成。

(四)报价

报价包括选择报价策略、调整标价、确定投标报价三个方面的内容。

三、投标报价的计算

(一)投标报价的组成

投标报价主要由施工成本、利润、税金和风险费用组成。

1.施工成本

施工成本包括施工过程中耗费的各种费用,包括人工费、材料费、施工机械使用费、设备购置费、措施费、企业管理费、规费、专项费用等。

2.利润

利润是根据本项目的具体情况和公司的利润目标制定的。

3.税金

税金是按规定应缴纳的增值税、城市建设维护税及教育经费附加,根据国家征收标准计算。

4.风险费用

风险费用是对风险进行分析后确定的用于防范风险的费用,即在各种风险发生后需由承包人承担的风险损失。

(二)投标报价的形式

总报价与各计价细目综合单价的关系见式(4-1)、式(4-2)。

$$总标价 = \sum_{1}^{n}(计价细目综合单价 \times 计价细目工程量) +$$
$$专项暂定金额 + 计日工合计 + 不可预见费 \tag{4-1}$$
$$计价细目综合单价 = 预算单价 + 摊入单价 \tag{4-2}$$

摊入单价考虑的因素包括:未列入第100章总则中的临时工程费、保险费、供电贴费、工程造价增长费,以及技术复杂程度和地形条件造成的施工难度增加因素、工期质量要求因素。

(三)投标报价的计算步骤与方法

1.分析、分解清单项目

工程量清单拆分只是对清单中的综合项目进行分解,并不是每一个项目都必须要进行分解。综合项目是指清单中一个编号项目中含有两个及以上的定额子目。工程量清单分解的目的是计算出准确的单价。分解的依据是计量与支付细则、招标图纸、拟采用的施工方案、工料机消耗量标准等因素。

计量项目工程量要按工程量清单计量单位填列,各定额子目下的工程量要按定额单位填列。

2.工程定额选用与调整

工程定额反映施工队伍的生产效率和管理水平,也是决定标价水平的重要因素。一旦选定工程定额,标价水平也大体确定了,因此在标价计算时应慎重使用,根据具体情况灵活运用。编制投标报价时,应选取企业的施工定额,如果企业没有施工定额,可以参考预算定额的工料机消耗,并根据企业的施工水平调整消耗。按工程量清单的顺序依次录入相关定额、输入定额工程量、进行定额调整,与概(预)算编制过程相同。但投标报价计算时,工料机消耗标准的确定比编制概(预)算时更为灵活,可在充分理解招标文件(图纸、技术规范)的前提下,对预算定额进行修改、调整、增删、抽换工料机、调整工料机消耗量和配合比等。

3. 工料机分析及单价计算

工料机单价是计算投标报价的基本要素。

工资单价要按施工企业各项开支标准算出工日单价，并结合工程所在地人工单价情况予以确定。

材料预算价格应在当地定额站所发布的"材料价格信息"基础上进行市场询价，并货比三家。在调查价格基础上要考虑大量供应及开工后的市场竞争、原料储备及生产与加工规模、运输条件、方式、运力等因素，计算出运抵现场的各种材料单价。同时应对固定单价合同中材料报价考虑价格上涨风险因素，或在后期统一考虑涨价风险费再行分摊，如果合同条款中规定物价上涨后即调整价差和有关费用，则报价中无须考虑物价上涨费。计算材料价格时首先应清楚该材料用处、作用和包含内容。

计算机械台班单价，调查租赁价格，确定是使用自己购置的机械还是在当地租赁机械更能降低成本。然后按照所选用机械设备的来源和相应的费用计算。

4. 确定措施费和间接费费率、利润率和综合税率

选择费率时既要考虑以此计算出的费用能否涵盖实际发生的费用，又要使计算出的标价具有竞争力。其形式可以按概（预）算编制办法的综合费率构成来列，但费率应结合施工现场情况、工程条件、施工单位自身技术装备水平和管理水平，并充分考虑成本降低措施而进行适当调整（一般情况下调低，没有发生的费用尽量不要列）。施工单位最好能结合多年施工管理经验和统计资料，编制适合自己的费用定额。利润率应结合企业自身财力和投标策略确定［尽量低于概（预）算中取费标准］。综合税率要按国家税法计列。

5. 计算该计价细目的"分项工程费计算表"

以工程量清单所列计量项目为单元，计算其人工费、材料费、机械费、设备购置费、措施费、规费、企业管理费和专项费用。

6. 计算该计量项目的预算单价

将该章中所有计量项目在"分项工程费计算表"中汇总的人工费、材料费、机械费、设备购置费、措施费、企业管理费、规费合计值分别填入"建筑安装工程费计算表（03 表）"的对应栏中，再按相关规定计算利润、税金及建筑安装费。注意"03 表"中的"工程名称、单位、工程量"要按工程量清单中的计量项目名称、单位、工程量填写。最后以本计量项目建筑安装费除以工程量，即得该计量项目的预算单价。该预算单价与公路概（预）算中的预算单价的不同之处在于分项工程是以工程量清单中的计价细目为计算单元。

7. 分析计算摊销费，确定计价细目综合单价

摊销费是指不能作为第100章总则费用单独列项，且涉及两个及以上清单计价细目的，需要直接摊入计价细目中的费用。它可分为：（1）费用类，如保险费（第 100 章以外的）、风险金等；（2）实事物类，如预制场站建设费用，拌和设备安、拆费用，第 100 章以外的临时工程（便道、便桥、临时供水、临时供电）等。

分摊方式一般有三种：（1）按集中拌和混凝土数量（指采用分散拌和定额，改为集中拌和

项目中的混凝土数量)进行分摊;(2)按集中拌和沥青混凝土数量进行分摊;(3)按选择的摊销项目金额进行分摊。

工程量清单中各细目的单价应是综合单价,即"综合单价 = 预算单价 + 摊入单价",实际上包括完成每个细目计量单位的工程量所花费的直接费、设备购置费、规费、企业管理费、利润、税金、专项费用、缺陷工程维修费和不可预见费等一切费用。

8. 单价重分配、降价系数的确定(报价决策)

业主一般都是根据完成的实际工程数量,按照工程量清单的单价进行结算与支付。因此,投标人往往在投标总报价控制之下,根据有关因素权衡利弊,采取"单价重分配"的技巧来调整项目单价,以期在工程结算时取得更好的经济效益。同时,为了确保报价更有竞争力,在递交投标文件前很短时间里,投标人往往会根据所掌握的业主和其他竞争对手的信息,对工程量清单总价和单价作调价系数处理。

四、投标策略与技巧

(一)投标策略

投标决策正确与否,关系到能否中标和中标后的效益,也关系到施工企业的发展前景和职工的经济利益。投标决策包括三方面内容:(1)针对项目招标是否投标;(2)若去投标,是投什么性质的标;(3)投标中如何采用以长制短、以优胜劣的策略和技巧。

以下是报价时常采用的投标策略。

1. 盈利策略

盈利策略,即在报价中考虑较大的利润值。该投标策略通常在下列情况采用:建筑市场任务多;本企业任务饱满,利润丰厚;本企业对该项目拥有技术上的垄断优势。

2. 微利保本策略

微利保本策略,即降低利润目标,甚至不考虑利润。通常在企业工程任务不饱满,无后继工程,或已出现部分窝工的情况;建筑市场供不应求,竞争对手多,本企业对该项目又无优势可言;业主按最低价定标时采用。

3. 低价亏损策略

低价亏损策略,即在报价中不仅不考虑企业利润,还考虑一定的亏损后提出报价的策略。通常只在下列情况采用:为打入新市场,取得拓宽市场的立足点;在竞争十分激烈的情况下,为中标而不惜亏本压低标价;本企业已大量窝工,严重亏损,如果能承担该工程至少可以使部分人工、机械运转,减少亏损。使用该种投标策略时应注意以下事项:(1)业主肯定是按最低价确定中标单位;(2)这种报价方法属于正当的商业竞争行为(不正当竞争行为是一种违法行为)。

4. 冒险投标策略

冒险投标策略,即在报价中不考虑风险费用,这是一种冒险行为,如果风险不发生,即意味着承包人的报价成功;如果风险发生,则意味着承包人要承担极大的风险损失。这种报价策略同样只在市场竞争激烈,承包人急于寻找施工任务或着眼于打入该建筑市场(以后靠长期经营挽回损失)时才予以采用。

5.用其他手段争取中标的策略

有些施工企业在报价时,采用种种带有策略性的方法争取中标。他们的策略是以最小代价获得最大的经济效益。因此,有一些企业的投标价不是很高,但获得利润不少,具体做法如下。

(1)优化设计策略。

施工企业在编制标书的过程中,仔细研究设计图纸、合同文件和规范,发觉不合理或未尽完善处,或者认为可利用某项新技术达到降低造价的目的,在这种情况下按原设计提出报价,中标后提出新工艺和修改设计方案,往往可以得到监理工程师的批准,达到降低标价的目的。

(2)补充投标的优惠条件。

利用种种优惠条件,解决业主短期内的暂时困难,替业主分忧,从而创造夺标条件。例如通过先进的施工方案、施工方法、科学的施工组织或者优化设计来缩短合同工期;施工完成后免费赠送进场的施工机械或设备;不要求招标人提供预付款等,以增加投标竞争力,争取中标。

(3)靠本企业管理水平取胜的策略。

认真做好施工组织设计,充分发挥本企业管理水平和设备先进等优势,以达到缩短工期、降低造价的目的。虽然报价低,可一旦中标,仍不会亏损。

(二)投标技巧

投标报价时采用一定的技巧,中标后可获得更多的正常收益。以下为常用报价技巧。

1.不平衡报价法

不平衡报价是在总价基本确定不变的前提下,调整工程各子项的单价的报价方法。具体表现形式如下。

(1)先期开工的项目(如土方、基础等)的单价报价高,后期开工的项目(如高速公路的路面、交通设施、绿化等附属设施)的单价报价低。

(2)估计以后会增加工程量的项目,单价报价高,反之,单价报价低。

(3)图纸不明确或有错误的,估计今后会修改的项目的单价报价高,估计今后会取消的项目的单价报价低。

(4)没有工程量、只填报单价的项目(如土方超运)的单价报价高。这样既不影响投标总价,又可多获取利润。

(5)暂定金额项目,承包人做的可能性大时,单价报价高,反之单价报价低。

(6)对于允许调整价格的工程,当利率低于物价上涨率时,后期施工的工程细目的单价报价高,反之单价报价低。

2.扩大标价法

扩大标价法,即除了按正常的已知条件编制价格外,对工程中变化较大或没有把握的工作,采用扩大单价、增加不可预见费的方法来减少风险。

3.多方案报价法

多方案报价法是利用工程说明书或合同条款不够明确之处,争取达到修改工程说明书和合同目的的一种报价方法。其方法是,按原工程说明书和合同条款报一个价格,并加以注释,如"工程说明书和合同条款如做某些改变时,费用可降低××",使报价成为最低的,以吸引业主修改说明书和合同条款。

4. 开口升级报价法

开口升级报价法将报价看成协商的开始,报价时利用招标文件中规定的不明确的有利条件,将造价很高的一些单项工程的报价抛开作为活口,将标价降低至无法与之竞争的数额。利用这种"最低标价"来吸引业主,从而取得与业主商谈的机会,利用活口进行升价加价,以达到最后赢利的目的。

5. 突然降价法

突然降价法是一种迷惑对手(或保密)的竞争手段。在整个报价过程中,仍按一般情况报价,甚至将报价泄露,或者表示对工程兴趣不大,等到投标截止期临近之时突然降价,使竞争对手措手不及,从而解决标价保密问题,提高竞争能力和中标机会。

五、投标报价案例

以模块三单元六中施工图预算编制案例为基础,编写投标报价文件。

按照招标文件的相关规定,投标报价文件部分计算依据如下。

(1)在编制投标报价过程中,清单第 100 章中,工程一切险按第 100~700 章清单合计金额(不含本身及第三方责任险)的 0.3% 计算;

(2)安全生产费按第 100~700 章合计金额(不含本身及保险费)的 1.5% 计算;

(3)第 100 章中其他费用按照包干价的形式进行报价;

(4)清单第 300 章的编制以施工图预算编制中的相关条件进行,但是对定额的消耗量和相关费率进行适当的调整;

(5)本例中的不可预见费按第 100~700 章合计金额减专项暂定金后的 5% 计算。

具体的工程量清单表格如表 4-10~表 4-21 所示。

标表 1　工程量清单汇总表　　　　　　　　　　　　　表 4-10

合同段:K0 +000 ~ K6 +000(清单)

序号	章次	科目名称	金额(元)
1	100	清单　第 100 章　总则	1162131
2	300	清单　第 300 章　路面	27910080
3		第 100~700 章清单合计	29072211
4		已包含在清单合计中的专项暂定金额小计	50000
5		清单合计减去专项暂定金额(即 3 − 4)	29022211
6		计日工合计	471500
7		不可预见费	870666
8		投标价(3 + 6 + 7)	30414377

标表 1-1　专项暂定金额汇总表　　　表 4-11

合同段：K0 +000 ~ K6 +000(清单)			货币单位：人民币　　元
清单编号	细目号	名称	估计金额(元)
100	102-4	信息化系统(暂估价)	50000
小计(结转至第1页工程量清单汇总表)人民币			50000

标表 2　工程量清单　　　表 4-12

合同段：K0 +000 ~ K6 +000(清单)					货币单位：人民币　　元	
清单　第100章　总则						
细目号	细目名称	单位	数量	单价	合价
101	通则				
101-1	保险费				
−a	按合同条款规定,提供建筑工程一切险	总额	1	83730. 00	83730
−b	按合同条款规定,提供第三者责任险	总额	1	80000. 00	80000
102	工程管理				
102-1	竣工文件	总额	1	50000. 00	50000
102-2	施工环保费	总额	1	100000. 00	100000
102-3	安全生产费	总额	1	428401. 00	428401
102-4	信息化系统(暂估价)	总额	1	50000. 00	50000
104	承包人驻地建设				
104-1	承包人驻地建设	总额	10	100000. 00	100000
105	施工标准化				
105-1	施工驻地	总额	1	150000. 00	150000
105-2	工地试验室	总额	1	120000. 00	120000
清单　第100章合计　人民币					1162131

标表 2　工程量清单　　　表 4-13

合同段：K0 +000 ~ K6 +000(清单)					货币单位：人民币　　元	
清单　第300章　路面						
细目号	细目名称	单位	数量	单价	合价
309	热拌沥青混合料面层				
309-2	中粒式沥青混凝土				

续上表

合同段：K0 + 000 ~ K6 + 000（清单）					货币单位：人民币　元	
- a	厚50mm	m²	144000.000	55.42	7980480	
309-3	粗粒式沥青混凝土					
- a	厚70mm	m²	144000.000	74.76	10765440	
310	沥青表面处治与封层					
310-2	封层	m²	144000.000	9.12	1313280	
311	改性沥青及改性沥青混合料					
311-3	SMA 路面					
- a	厚40mm	m²	144000.000	54.52	7850880	
清单　第300　章合计 人民币					27910080	

标表3　计日工汇总表　　　　　　　　　　　　表 4-14

合同段：K0 + 000 ~ K6 + 000（清单）

名称	金额（元）
计日工：	
1. 劳务	12500.00
2. 材料	395000.00
3. 施工机械	64000.00
计日工合计(结转至第1页工程量清单汇总表)	471500.00

标表3-1　计日工劳务单价表　　　　　　　　表 4-15

合同段：K0 + 000 ~ K6 + 000（清单）

细目号	名称	估计数量（h）	单价（元/h）	合价（元）
	普通工	500	15.00	7500
	班长	200	25.00	5000
计日工劳务(结转至第1页计日工汇总表)				12500

标表3-2　计日工材料单价表　　　　　　　　表 4-16

合同段：K0 + 000 ~ K6 + 000（清单）

细目号	名称	单位	估计数量	单价（元）	合价（元）
	橡胶沥青	t	20	6000.00	120000
	普通沥青	t	50	5500.00	275000
计日工材料小计(结转至第1页计日工汇总表)					395000

标表 3-3　计日工机械单价表　　　表 4-17

合同段：K0 +000 ~ K6 +000(清单)

细目号	名称	估计数量(h)	租价(元)	合价(元)
	12 ~15t 轮胎式压路机	320	200.00	64000
	计日工施工机械小计(结转至第 1 页计日工汇总表)			64000

标表 4-2　单价分析表　　　表 4-18

细目号：309-2-a

计量单位：m² 　单价:55.42 　数量：144000.00 　货币单位:人民币　元

细目名称:厚 50mm

编号	项目名称	单位	工程量	人工费	材料费	机械费	工料机合计	综合费费率(%)	综合费	合计	单价
	沥青混凝土拌和站	座	0.313		219100						
2-2-11-12	240t/h 以内拌和中粒式沥青混凝土混合料	1000m³路面实体	7.200	18831	5743634	635340			899909	899909.00	124987.36
2-2-13-1	8t 以内自卸车运输沥青混合料 3km	1000m³	7.200			84177			12482	12482.00	1733.61
2-2-14-47	机械摊铺中粒式沥青混凝土混合料(240t/h 以内)	1000m³路面实体	7.200	13800		152893			27411	27411.00	3807.08

标表 4-2　单价分析表　　　表 4-19

细目号：309-3-a

计量单位：m² 　单价:74.76 　数量：144000.00 　货币单位:人民币　元

细目名称:厚 70mm

编号	项目名称	单位	工程量	人工费	材料费	机械费	工料机合计	综合费费率(%)	综合费	合计	单价
	沥青混凝土拌和站	座	0.438		306600						
2-2-11-5	240t/h 以内拌和粗粒式沥青混凝土混合料	1000m³路面实体	10.080	26471	7686389	894876			1211039	1211039.00	120142.76
2-2-13-1	8t 以内自卸车运输沥青混合料 3km	1000m³	10.080			117848			17474	17474.00	1733.53

续上表

细目号：309-3-a			计量单位：m²	单价：74.76		数量：144000.00		货币单位：人民币 元	
细目名称：厚70mm									
2-2-14-46	机械摊铺粗粒式沥青混凝土混合料（240t/h以内）	1000m³路面实体	10.080	19106		212810		38135 38135.00	3783.23

标表 4-2　单价分析表

表 4-20

细目号：310-2			计量单位：m²		单价：9.12		数量：144000.00			货币单位：人民币 元	
细目名称：封层											
编号	项目名称	单位	工程量	人工费	材料费	机械费	工料机合计	综合费费率(%)	综合费	合计	单价
2-2-16-16	乳化沥青稀浆封层 ES-2 型	1000m²	144.000	74716	841412	177494			162202	162202.00	1126.40

标表 4-2　单价分析表

表 4-21

细目号：311-3-a			计量单位：m²		单价：54.52		数量：144000.00			货币单位：人民币 元	
细目名称：厚40mm											
编号	项目名称	单位	工程量	人工费	材料费	机械费	工料机合计	综合费费率(%)	综合费	合计	单价
	沥青混凝土拌和站	座	0.250		175000						
2-2-12-8	240t/h 以内拌和橡胶沥青玛琋脂碎石混合料	1000m³路面实体	5.760	17017	5686380	597305			899440	899440.00	156152.78
2-2-13-1	8t 以内自卸车运输沥青混合料 3km	1000m³	5.760			67342			9986	9986.00	1733.68
2-2-14-60	机械摊铺橡胶沥青混凝土混合料（240t/h 以内）	1000m³路面实体	5.760	12991		175552			30958	30958.00	5374.65

《 模 块 考 核 》

思考题

1. 什么是工程量清单？其作用是什么？

2. 什么是最高投标限价？其作用是什么？

3. 投标报价编制过程中询价的内容包括哪些？

4. 投标报价由哪些费用组成？

5. 列出投标报价的计算形式，并解释何为综合单价。

6. 简述投标报价的编制流程。

7. 有哪些报价常用策略和技巧？

8. 什么是不平衡报价法？其调整单价的主要原则有哪些？

模块五
CHAPTER FIVE
公路工程费用结算

知识目标

(1)熟悉公路施工合同的组成和类型特征;

(2)掌握工程变更费用计算方法;

(3)掌握索赔工期和索赔费用的确定方法;

(4)掌握工程费用结算的组成及支付方式;

(5)熟悉工程费用支付程序与要求。

能力目标

(1)能计算变更工程的费用;

(2)能计算索赔工期和索赔费用;

(3)能分期计算工程结算费用。

素质目标

(1)弘扬求真务实、恪尽职守、杜绝弄虚作假、廉洁自律的职业道德修养;

(2)通过复杂索赔事项的案例,明确在工作中面对复杂局面,学会沟通协调,有理有节地处理各种矛盾和争端;

(3)通过学习工程费用支付的规范流程,培养工程结算过程中按章办事、一丝不苟的职业态度。

单元一　合同管理基础知识

 引导语

通过本单元的学习,应熟悉建设工程合同类型,熟悉施工合同条款内容、组成及解释顺序,

为正确处理工程结算中的各项工作奠定基础。

 **相关知识**

一、工程合同分类及作用

工程合同是承包人进行工程建设、发包人支付价款的合同。合同中明确了双方当事人各自的经济责任、权利和义务。工程合同按内容可分为:勘察设计合同、施工承包合同、监理咨询合同以及其他与工程相关的借款合同、机械设备租赁合同、供用电合同、买卖合同、劳务合同等。工程合同具有以下作用。

(1)确定了工程实施和管理的主要目标,是双方进行各种经济活动的依据;

(2)协调双方经济关系的主要手段;

(3)具有法律上的最高优先地位,是当事人双方的最高行为准则;

(4)当事人双方在工程实施过程中解决争执和纠纷的依据。

二、施工合同的类型及特点

施工合同即建筑安装工程承包合同,是由具有法人资格的发包人和承包人为完成商定的建筑安装工程,明确双方权利、责任与义务关系的协议。

施工合同是控制工程建设质量、进度、投资的主要依据,要求承发包双方必须具备相应的资质条件和履行合同的能力,签订合同时应遵守自愿、公平、诚实信用等原则。发包人既可以是建设单位,也可以是取得建设项目总承包资格的项目总承包单位。

施工合同可以按不同的标准进行划分。

(一)按工程规模内容分

1. BOT 项目承包合同

BOT(build-operate-transfer)项目承包合同是指"建设—经营—转让"全过程项目承包的合同形式。它是政府通过授权,把本属于政府支配、拥有或控制的资源,委托给资本拥有者进行投资建设并经营获益,在特许经营期届满时移交政府继续经营。

2. 总承包合同

总承包合同是指承包人与发包人之间直接签订的关于工程项目施工全部工作的协议。

3. 分包合同

分包合同是指经发包人认可和合同约定,分包人从工程承包人承包的工程中承包部分工程而订立的合同。

(二)按工程计价方式分

1. 总价合同

总价合同是指支付给承包人的工程款项在承包合同中是一个规定的总金额。总价合同是以设计图纸和工程说明书为依据,由合同双方协商确定的,其特征有:(1)根据招标文件的要求由承包人实施全部工程任务,按承包人在投标报价时提出的总价确定;(2)拟实施项目的工程性质和工程量应在事先基本确定。总价合同中承包人要承担全部的工程风险,因此报价比较高。

总价合同又分为以下两种形式。

(1)固定总价合同。

固定总价合同是按双方商定的总价承包工程。它以图纸和技术规范为依据,明确承包内容和计算承包价,签约时约定承包价。在合同执行中,除非发包人要求变更原定的承包内容,承包方一般不得要求变更承包价。它通常适用于规模小、工期短、技术不太复杂的工程。

(2)变动(调值)总价合同。

变动(调值)总价合同是在报价及签订合同时,以设计图纸、技术规范、工程量及当时价格计算并签订工程总价,合同执行过程中由于变更、违约索赔、材料涨价等因素变化,依据合同相关条款总价可相应地变动或调整。适用于公开招标、工期较长的大规模工程。

2. 单价合同

单价合同是指承包人按发包人提供的工程量清单内的分部分项工程内容填报单价,并据此签订承包合同,最终以实际完成工程量乘以所报单价计算结算款的方法。单价合同的特征是:允许工程量清单中的分部分项工程量在合同实施过程中浮动变化,但各分部分项工程单价一般不得变更。单价合同较为合理地分担了双方在合同履行过程中承担的风险,适用于工期长、技术复杂,工程实施过程中不可预见因素较多的工程,是一种常用的工程合同计价方式。

单价合同又分为以下三种形式。

(1)估算工程量单价合同。

承包人投标时依据工程量清单中开列的分部分项工程内容和估算工程量填报相应的单价,工程结算时以实际完成工程量乘以所报单价累积计算合同价。

(2)纯单价合同。

招标文件中仅给出各分部分项工程的工作内容一览表、工程范围和必要的说明,不提供工程量。承包人投标时只要报出各工程细目的单价,实施过程中按实际完成工程量结算。

(3)单价与总价混合合同。

对建设项目中能用某种单位计算工程量的,均要求报单价,按实际完成工程量乘以合同单价结算;对不易给出工程量的分项工程,则采用包干价给付。

3. 成本加酬金合同

成本加酬金合同也称成本补偿合同,是指发包人向承包人支付工程项目的实际成本,并按事先约定的某种方式支付酬金的合同类型。该合同特征有:(1)发包人对工程总价不能实施实际控制;(2)承包人可能对降低成本不关心,发包人需要承担项目全部风险。适用于需要立即开展、时间特别紧迫的项目(紧急工程),如抢险、救灾工程,来不及进行详细的计划和商谈,或承包方在某方面具有独特技术或经验的项目。

成本加酬金合同又分为以下四种形式。

(1)成本加固定百分比酬金合同。

签订合同时,双方约定酬金按实际发生的直接成本乘以某具体百分比计算。

(2)成本加浮动酬金合同。

签订合同时,双方约定工程的预期成本和固定酬金,以实际发生的直接成本与预期成本进行比较后,对酬金进行奖罚调整,当实际成本超支需减少酬金时,以原定的基本酬金额为减少的最高限额。

(3)成本加固定酬金合同。

在签订合同时,酬金在合同内约定为某一固定值。

(4)目标成本加奖罚合同。

签订合同时,以估算的目标成本为依据,并以百分比形式约定基本酬金和奖罚酬金的计算办法。最后结算时,如果实际直接成本超过目标成本商定的界限,超出部分按约定百分比计算在基本酬金中扣减;反之,如有节约,则应增加酬金。

三、施工合同内容与管理

(一)施工合同文件组成及解释顺序

组成公路工程施工合同的文件包括以下内容。

(1)施工合同协议书及各种合同附件(含评标期间和合同谈判过程中的澄清文件和补充资料);

(2)中标通知书;

(3)投标函及投标函附录;

(4)项目专用合同条款;

(5)公路工程专用合同条款;

(6)通用合同条款;

(7)工程量清单计量规则;

(8)技术规范;

(9)图纸;

(10)已标价工程量清单;

(11)承包人有关人员、设备投入承诺及投标文件中的施工组织设计;

(12)其他合同文件。

上述组成合同的各项文件应能互相解释、互相说明。当合同文件中出现不一致时,除项目专用合同条款另有约定外,上面所列顺序就是合同的优先解释顺序。当合同文件出现含糊不清或当事人有不同理解时,可以按照合同中争议的解决方式处理。

(二)施工合同管理

施工合同管理是指对工程项目施工过程中所发生的或所涉及的一切经济、技术合同的订立、履行、变更、索赔、解除、解决争议、终止与评价全过程进行的管理工作。施工合同管理的任务是根据法律、法规和管理者自身职责,运用组织、指导、检查、考核、协调和监督等手段,促使合同双方当事人依法签订合同,全面实际履行合同,及时妥善处理合同争议和纠纷,不失时机地进行合理索赔,预防违约事件发生,避免造成经济损失,以保证合同目标的顺利实现。

四、施工合同条款

合同条款是招标文件与施工合同中重要的、实质性的合同文件,它约定了双方在履行合同全过程中的工作规则,也是办理工程费用结算的重要依据。合同条款必须符合国家法律、法规及部门规章;贯彻落实《中华人民共和国合同法》的公平原则;条款内容应广泛、具体,可操作性强;文字应严密、逻辑性强。

为进一步加强公路工程施工招标管理,规范招标文件编制工作,交通运输部编制了《公路工程标准施工招标文件(2018 年版)》。适用于依法必须进行招标的各等级公路和桥梁、隧道建设项目,其他公路项目也可参照执行。对于世界银行和亚洲开发银行贷款项目一般则要求采用国际咨询工程师联合会(FIDIC)编写的《土木工程施工合同条件》。

《公路工程标准施工招标文件(2018 年版)》分为四卷九章,具体组成如图 5-1 所示。文件中除标准化的合同文本外,还包括标准化的格式文件,如合同协议书等,合同双方只需在标准文件文本空格内填入相应的内容,并签字盖章即可。

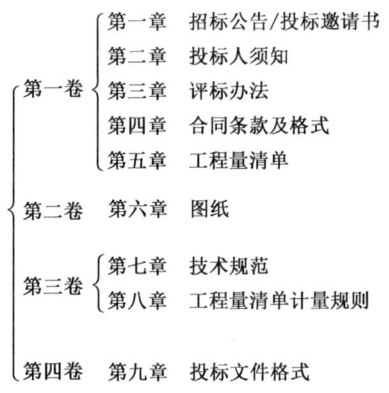

图 5-1　《公路工程标准施工招标文件(2018 年版)》内容组成

《公路工程标准施工招标文件(2018 年版)》第四章中的合同条款分为通用合同条款和专用合同条款两部分,其中专用合同条款又分为公路工程专用合同条款和项目专用合同条款。

1. 通用合同条款

通用合同条款直接采用《中华人民共和国标准施工招标文件》中的通用合同条款,条款内容根据我国各建设行业工程合同管理中的共性规则制定,内容包括:一般约定,发包人义务,监理人,承包人,材料和工程设备,施工设备和临时设施,交通运输,测量放线,施工安全、治安保卫和环境保护,进度计划,开工和竣工,暂停施工,工程质量,试验和检验,变更,价格调整,计量与支付,竣工验收,缺陷责任与保修责任,保险,不可抗力,违约,索赔,争议的解决等 24 条 131款,部分条款根据需要又细分为若干项、目。

2.专用合同条款

（1）公路工程专用合同条款。

公路工程专用合同条款是在通用合同条款的基础上，由交通运输部组织专家结合公路工程施工特点和管理工作需要编制的。公路工程专用合同条款是对各相应通用合同条款的补充、延伸或进一步明确，其延伸和补充约定的内容不能违背通用合同条款约定的基本原则。公路工程专用合同条款共24条140款，条款编号与通用合同条款一致，其中增加的9款款号根据其所在条下的款号按序顺延。

（2）项目专用合同条款。

项目专用合同条款是招标人根据招标项目的具体特点和实际需要，对通用合同条款及公路工程专用合同条款进行的补充、细化，除通用合同条款明确专用合同条款可作出不同约定，以及公路工程专用合同条款明确项目专用合同条款可作出不同约定外，补充和细化的内容不得与通用合同条款和公路工程专用合同条款强制性规定相抵触。同时补充、细化或约定的内容，不得违反法律、行政法规的强制性规定及平等、自愿、公平和诚实信用原则。项目专用合同条款编号与通用合同条款和公路工程专用合同条款一致。

单元二 工程变更

引导语

本单元的学习应结合变更案例熟悉工程变更的范围及程序，掌握变更工程价格确定原则与方法，能够正确确定变更项目费用，按照规定程序处理变更各项事宜，并完成教材配套的工作页"学习任务5：工程变更费用计算专项训练"。

相关知识

一、变更的范围和内容

由于公路工程地质水文条件和施工条件的复杂性，对工程或其任何部分的结构形式、质量、等级或数量等做出变更是较为普遍的。

在履行合同中发生以下情形之一，应按照规定进行变更。

（1）取消合同中任何一项工作，但被取消的工作不能转由发包人或其他人实施，由于承包人违约造成的情况除外；

（2）改变合同中任何一项工作的质量或其他特性；

（3）改变合同工程的基线、高程、位置或尺寸；

（4）改变合同中任何一项工作的施工时间或改变已批准的施工工艺或顺序；

（5）为完成工程需要追加的额外工作。

二、变更程序

1. 变更的提出

(1)在合同履行过程中,可能发生上述变更情形的,监理人可向承包人发出变更意向书。变更意向书应说明变更的具体内容和发包人对变更的时间要求,并附必要的图纸和相关资料。变更意向书应要求承包人提交包括拟实施变更工作的计划、措施和竣工时间等内容的实施方案。发包人同意承包人根据变更意向书要求提交的变更实施方案的,由监理人发出变更指示。

(2)在合同履行过程中,发生上述变更情形的,监理人应向承包人发出变更指示。

(3)承包人收到监理人按合同约定发出的图纸和文件,经检查认为其中存在变更情形的,可向监理人提出书面变更建议。变更建议应阐明要求变更的依据,并附必要的图纸和说明。监理人收到承包人书面建议后,应与发包人共同研究,确认存在变更的,应在收到承包人书面建议后的14天内作出变更指示。经研究后不同意变更的,应由监理人书面答复承包人。

(4)若承包人收到监理人的变更意向书后认为难以实施此项变更,应立即通知监理人,说明原因并附详细依据。监理人与承包人和发包人协商后确定撤销、改变或不改变原变更意向书。

2. 变更估价

(1)除专用合同条款对期限另有约定外,承包人应在收到变更指示或变更意向书后的14天内,向监理人提交变更报价书,报价内容应根据规定的估价原则,详细开列变更工作的价格组成及依据,并附必要的施工方法说明和有关图纸。

(2)变更工作影响工期的,承包人应提出调整工期的具体细节。监理人认为有必要时,可要求承包人提交要求提前或延长工期的施工进度计划及相应施工措施等详细资料。

(3)除专用合同条款对期限另有约定外,监理人应在收到承包人变更报价书后的14天内,根据估价原则,商定或确定变更价格。

3. 变更指示

(1)变更指示只能由监理人发出。

(2)变更指示应说明变更的目的、范围、内容,变更的工程量及其进度和技术要求,并附有关图纸和文件。承包人收到变更指示后,应按变更指示进行变更工作。

三、变更的估价

(一)变更工程量核算

变更必然会引起工程量的变化,监理人应对工程量清单中的项目进行增减和重新核算,作为设计变更费用支付的基础。对原工程量清单中列有的项目,应将变更后的数量与变更前的数量进行对比,从而确定工程量的增加或减少量,并计算出相应的百分比;原工程量清单中没有的新增项目需要准确计算其工程量。

监理人核算变更工程量的主要依据如下。

（1）设计图纸、合同文件及技术规范。

（2）监理人记录。监理工程师和旁站人员的现场记录是核算变更项目实际工程量的重要依据，因此，监理人应高度重视现场记录、试验数据和其他原始资料的积累。

（3）承包人提供的工程数量。经过监理人的审核，承包人提供的工程数量也可以作为核算工程量的依据，但承包人单方提供而没有经监理人证明和签认的工程量仅能作为参考，不能作为依据。

（二）变更工程的估价原则

（1）如果取消某项工作，则该项工作的总额价不予支付。

（2）已标价工程量清单中有适用于变更工作的子目的，采用该子目的单价。

例 5-1

某高速公路项目设计中原设置有若干座人行通道。但施工中发现，部分通道之间距离较大，给沿线村民生活带来不便。应地方政府要求，业主决定在适当的地方增设几座人行通道，试确定新增通道单价。

分析： 处理该设计变更时，考虑到承包人原报价中有若干座类似的通道，现只增加几座，故可直接采用工程量清单中的报价。监理工程师在综合分析通道长度、断面尺寸、地理位置以及施工条件等各种情况后，在清单中若干座通道的价格中，选择最接近新增加工程情况的通道价格，作为确定此项变更工程的价格依据。

（3）已标价工程量清单中无适用于变更工作的子目，但有类似子目的，可在合理范围内参照类似子目的单价，由监理人与业主和承包人经商定后确定变更工作的单价。

例 5-2

某工程项目中设计钻孔桩有三种，直径分别为 1.2m、1.5m 和 1.8m，原合同选择直径为 1.2m 的钻孔桩做静载试验。施工中，业主和监理工程师均认为选择 1.5m 的钻孔桩做静载试验更具代表性和指导意义，故决定进行变更。原工程量清单中仅有 1.2m 钻孔桩的静载试验价格。试确定 1.5m 桩静载试验价格。

分析： 由于钻孔桩静载试验费用主要由试验费用和桩施工费用两部分组成，可以认为变更费用增加主要是由钻孔桩施工变化引起的，而试验费用没有变化。普通钻孔桩的单价在工程量清单中可以找到，所以变更后的费用可以采用 1.2m 桩的静载试验费加上 1.5m 钻孔桩的清单价格。

（4）已标价工程量清单中无适用或类似子目的单价，可在综合考虑承包人在投标时所提供的单价分析表的基础上，由监理人与业主和承包人经商定后确定变更工作的单价。

新的工程子目单价确定可以采用以下方法。

①以合同单价为基础定价。该方法简单且有合同依据，但如果原单价存在不平衡报价情况，新确定的价格会出现偏高或偏低现象，进而影响工程总价。

②以预算方法为基础定价。以《预算定额》和《公路工程建设项目概算预算编制办法》（JTG 3830—2018）作为定价依据，该方法产生的价格相对合理，能真实地反映完成变更工程的成本和利润。其缺点是不同的施工方案与施工方法会有不同的单价。同时，该方法无法反映竞争产生的原有招标成果的作用，特别是当承包人有不平衡报价时，该方法会加剧总造价的不合理性。

③采用加权定价法。该方法是在保持原有报价不受实质影响的前提下，对新增工程部分按概（预）算方法定价，以此加权确定新工程子目的单价。它可以克服前两种方法的不足，所确定的设计变更单价较为合理。

由于实践管理中遇到的问题较为复杂多变，所以确定单价的具体方法不仅仅局限于以上三种，应以约定优先和公平合理为基本原则，经各方协商确定。

例 5-3

某公路路面工程施工项目中沥青路面原设计厚度为 4cm，其合同单价为 64 元/m²。现沥青路面设计变更为厚度 5cm，假定经过计算后 5cm 厚沥青路面的预算单价为 90 元/m²。试确定变更后沥青路面的单价。

分析：①按照"以合同单价为基础定价"的方法，变更后沥青路面的单价可按"变更后的厚度÷原设计厚度×原合同单价"计算，故变更后 5cm 厚沥青路面单价为：$5 \div 4 \times 64 = 80$（元/m²）。

②按照"以预算方法为基础定价"的方法，应先确定沥青路面的施工方案，考虑沥青路面应计取的各项费用（如沥青混合料的拌和、运输、摊铺、碾压及拌和设备的安拆等），根据预算定额和预算编制办法进行各项费用的计算，确定其预算单价。

假定经过计算后 5cm 厚沥青路面的预算单价为 90 元/m²，比第一种方法高出 10 元/m²，它表明原合同中 4cm 厚沥青路面的单价偏低，偏低的原因可能是承包人的报价普遍偏低或承包人在该单价上采用了不平衡报价法。

③按照加权定价法，变更后 5cm 厚沥青路面的合理单价应为：$64 + 90 \div 5 = 82$（元/m²）。

（5）如果本工程的变更指示是因承包人过错、承包人违反合同或承包人责任造成的，则这种违约引起的任何额外费用都应由承包人承担。

单元三 工程索赔

引导语

本单元要求结合工程案例，熟悉工程索赔成立的条件和索赔范围，能够确定项目的索赔费用和索赔工期，在规定时限内按照索赔程序处理各项事宜，并完成教材配套的工作页"学习任务 6：工程索赔工期和费用计算专项训练"。

 **相关知识**

一、工程索赔基本知识

（一）工程索赔的基本概念

工程索赔是指在合同实施过程中，当事人一方对于并非自己过错，而由合同对方承担责任的情况造成的，且实际发生了的损失，根据法律、合同约定及惯例，通过一定的合法程序向对方提出给予补偿要求的过程。广义索赔既包括承包人向发包人提出的索赔，也包括发包人向承包人提出的索赔（又称为反索赔）。狭义的索赔仅指承包人向发包人提出的索赔。因为当承包人违约时，业主可以按照合同约定直接从应付工程款中或银行各类担保处得到补偿，同时业主对工程的具体要求已体现在合同条款中，所以索赔概率较低。本单元主要介绍承包人向发包人提出的索赔。

索赔是合同实施过程中，由于一方不履行合同义务或不适当履行义务时，合同另一方提出补偿自身损失的要求，并不意味着对对方过错的惩罚。因此，索赔是签订合同双方各自应该享有的合法权利，是发包人与承包人之间在分担工程风险方面责任的再分配，也是发包人、监理人和承包人之间一项正常的、普遍存在的合同管理业务。索赔是一种以法律和合同为依据，合情合理的行为。

（二）工程索赔的原因

索赔在工程承包中是不可避免的，引起索赔的原因主要有以下几个方面。

1. 发包人违约

发包人违约通常表现为发包人或其委托人未能按合同约定为承包人提供应由其提供的使承包人得以施工的必要条件，或未能在规定的时间内付款等。

2. 合同缺陷

合同缺陷通常表现为合同文件规定不严谨甚至出现矛盾、遗漏或错误，不仅包括商务条款中的缺陷，也包括技术规范和图纸中的缺陷。监理人有权对此做好解释，但如果承包人执行其解释后引起成本增加或工期延长，则承包人可以对此提出索赔。监理人应给予证明，发包人给予补偿。

3. 施工条件变化

尽管施工前承包人已分析了地质勘察资料，并进行了现场实地考察，但如果发生了无法预料的施工条件变化（包括不利的外界障碍和条件），如无法合理预见的地下水、地质断层等，洪水、地震等自然灾害，对合同价格和工期产生较大的影响，承包人可以提出施工索赔。

4. 设计变更

施工过程中，监理人发现设计、质量标准和施工顺序等问题时，往往会指示承包人加速施工、进行某项工作、更换某些材料、采取某种措施或停工等。相应地，因这种指示（包括错误指示）而造成的成本增加和（或）工期延误，承包人有权提出索赔。

5. 国家政策及法律、法令变更

国家政策及法律、法令变更通常指直接影响到工程造价的某些政策及法律、法令的变更,对国内工程而言,因国务院各有关部门、各级建设行政管理部门或其授权的工程造价管理部门公布的价格调整,比如定额、取费标准、税收、上缴的各种费用等,可以调整合同价款。如未予调整,承包人可以提出索赔。

6. 其他承包人干扰

其他承包人干扰通常指其他承包人未能按时、按序进行并完成某项工作而给本承包人的工作带来的干扰。监理人作为业主委托人有责任组织协调好各个承包人之间的工作。

7. 第三方的原因

第三方的原因通常表现为因与工程有关的第三方问题而引起的对本工程的不利影响。对于第三方原因造成的索赔,发包人给予补偿之后,应根据其与第三方签订的合同或有关法律规定再向第三方追偿。

(三) 工程索赔的分类

(1)按照索赔依据可分为合同明示索赔和合同默示索赔。合同明示索赔指承包人提出的索赔要求在该工程项目的合同文件中有文字依据,承包人可以据此提出索赔要求,并取得经济补偿。合同默示索赔是指承包人提出的索赔要求虽然在合同条件中没有专门的文字叙述,但可以根据合同条件的某些条款的含义,推断出承包人有索赔权。这种索赔要求,同样有法律效力。

(2)按照涉及合同当事人可分为承包人同发包人之间的索赔、承包人同分包商之间的索赔、承包人同供应商之间的索赔、承包人和发包人共同向保险公司索赔,以及承包人或发包人在履约过程中与其他方面往来业务中发生的索赔。

(3)按照索赔目的可分为工期索赔和费用索赔。工期索赔是由于非承包人责任的原因而导致施工进度延误,要求顺延合同工期的索赔。费用索赔是承包人向发包人要求补偿不应该由自身承担的经济损失或额外开支,即向发包人取得合理经济补偿的要求。

(4)按照索赔处理方式可分为单项索赔和总索赔。单项索赔是指在合同实施过程中针对某一干扰事件提出的,在干扰事件发生时或发生后立即执行。由于索赔处理及时,故实际损失易于计算。总索赔一般在工程竣工前,承包人将施工过程中未解决的单项索赔集中起来,提出总索赔报告,合同双方在工程交付前后进行最终谈判,以一揽子方案解决索赔问题。总索赔处理和解决都比较复杂。

二、工程索赔的原则

1. 必须以合同为依据

监理人应以完全独立的身份,站在客观公正的立场上,以合同为依据审查索赔要求的合理性、索赔价款的正确性。

2. 应及时、合理地处理

承包人的合理索赔要求如果长时间得不到解决,可能会影响其资金周转,从而影响工程进度。索赔事件的累积,也会使索赔问题变得复杂,增加处理难度,因此,应及时、合理地处理索赔事件。

3. 注意资料的积累

日常应积累一切可能涉及索赔论证的资料,技术问题、进度问题和其他重大问题的会议纪要应有参会者签名,以作为正式文档资料。同时,应建立严密的工程日志,建立业务往来文件档案等制度,为索赔提供充分的事实和数据依据。

4. 加强主动监理,减少工程索赔

监理人应对可能引起的索赔有所预测,及时采取补救措施,避免过多索赔事件的发生。

三、工程索赔成立的基本条件

承包人提出的工程索赔成立必须符合以下基本条件。

(1)工程索赔的客观性。即干扰事件确实存在,干扰事件的影响确实存在,已造成工期拖延和(或)承包人经济损失,并有可靠的数据和资料证明。

(2)工程索赔的合法性。即有明确的合同依据(或法律依据)规定应给予补偿。

(3)工程索赔的合理性。合理性包括:

①索赔要求符合合同规定;

②索赔符合实际情况;

③索赔值的计算符合合同规定的计算方法和计算基础,符合公认的会计核算原则,符合工程惯例;

④干扰事件的发生、责任和影响与索赔有直接的因果关系,索赔要求符合逻辑。

(4)工程索赔的时效性。承包人必须按合同规定的程序和时间提交索赔意向通知和索赔报告。

四、工程索赔的程序

索赔工作涉及合同双方的众多经济利益,是一项烦琐,细致,耗费精力、时间的工作,因此,双方必须严格按照合同规定办事,遵照规定的索赔程序工作。《中华人民共和国标准施工招标文件》通用合同条款第 23 条和《公路工程标准施工招标文件(2018 年版)》专用合同条款第 23 条分别规定如下。

1. 承包人索赔的提出

承包人认为有权得到追加付款和(或)延长工期的,应按以下程序向发包人提出索赔。

(1)承包人应在知道或应当知道索赔事件发生后 28 天内,向监理人递交索赔意向通知书,并说明发生索赔事件的事由。承包人未在前述 28 天内发出索赔意向通知书的,丧失要求追加付款和(或)延长工期的权利。

(2)承包人应在发出索赔意向通知书后 28 天内,向监理人正式递交索赔通知书。索赔通知书应详细说明索赔理由以及要求追加的付款金额和(或)延长的工期,并附必要的记录和证明材料。

（3）索赔事件具有连续影响的,承包人应按合理时间间隔继续递交延续索赔通知,说明连续影响的实际情况和记录,列出累计的追加付款金额和(或)工期延长天数。

（4）在索赔事件影响结束后的 28 天内,承包人应向监理人递交最终索赔通知书,说明最终要求索赔的追加付款金额和延长的工期,并附必要的记录和证明材料。

2.承包人索赔处理程序

（1）监理人收到承包人提交的索赔通知书后,应及时审查索赔通知书的内容、查验承包人的记录和证明材料,必要时监理人可要求承包人提交全部原始记录副本。

（2）监理人应按相关合同条款商定或确定追加的付款和(或)延长的工期,并在收到上述索赔通知书中或有关索赔的进一步证明材料后的 42 天内,将索赔处理结果报发包人批准后答复承包人。如果承包人提出的索赔要求未能遵守 23.1 款中 2～4 项的规定,则承包人只限于索赔由监理人按当时记录予以核实的那部分款项和(或)工期延长天数。

（3）承包人接受索赔处理结果的,发包人应在作出索赔处理结果答复后 28 天内完成赔付。承包人不接受索赔处理结果的,转入争议的解决程序。

3.承包人提出索赔的期限

承包人按合同约定接受了竣工付款证书后,应被认为已无权再提出在合同工程接收证书颁发前所发生的任何索赔。承包人提交的最终结清申请单中,只限于提出工程接收证书颁发后发生的索赔。提出索赔的期限自接受最终结清证书时终止。

五、索赔费用的计算

(一)索赔费用的项目构成

工程索赔费用的项目构成与合同报价所包含的内容相似,主要包括人工费、材料费、机械使用费、管理费及其他费用。表 5-1 列出了几种常见索赔情况的费用构成。

常见索赔情况费用项目构成分析　　　　　　　　　　　　　　　　　　　　　　表 5-1

索赔事件	可能的费用损失项目	有关说明
延期后的索赔	人工费增加	包括工资上涨,现场停工、窝工,生产效率降低,劳动力使用不经济的损失
	材料费增加	因延期出现材料价格上涨
	机械使用费增加	因延期引起设备折旧费、保养费、租赁费等增加
	管理费增加	包括现场管理费和总部管理费的增加
	物价上涨	因工期延长期间物价上涨使原工程成本增加
	利息增加	因延期造成银行贷款、其他方式筹资款利息的增加
业主指令工期提前	人工费增加	因抢工导致超合同投入大量劳动力致使工效降低造成损失
	材料费增加	因抢工导致不经济地使用材料或材料运费等增加
	机械使用费增加	增加大量机械,超合同地使用机械、停班多,费用增加
	管理费增加	临时增加人员、临时宿舍费、加班费、差旅费、生活补贴、管理人员等增加
	利息增加	因抢工导致临时增加贷款、增加流动资金,银行利息增加

续上表

索赔事件	可能的费用损失项目	有关说明
工程中断	人工费增加	留守人员工资,人员遣返和重新招募费用,对工人的赔偿金
	机械费增加	设备停置费、额外设备进出场费、设备租赁费用等
	租赁设备费	
	利息增加	因工程中断造成银行贷款、其他方式筹资的利息增加
	总部管理费	因工程中断造成公司总部管理费用增加
	其他支出	如因工地重建而产生的部署费、调遣费等
工程变更	工程量增加	变更工程的计价按设计变更的有关规定来处理,设计变更引起的工程中断及延期后的费用索赔按前述规定执行
	附加工程	
	工程的性质、质量、类型改变	

(二)索赔费用的计算方法

1. 分项法

分项法是指对每个索赔事件所引起损失的费用项目分别分析计算索赔值,再将各费用项目的索赔值汇总,得到总索赔值的一种方法。工程实践中,绝大多数工程都采用分项法计算。

分项法中的索赔费用主要包括该项工程在施工过程中所发生的额外的人工费、材料费、施工机械使用费、相应管理费以及应得到的间接费和利润等。

(1)人工费的计算。

①停工及窝工的人工费。

合同中规定了计算方法的,原则上按合同规定的方法计算;合同中未规定计算方法的,可以参考计日工单价、人工费预算单价、当前的人工工资水平计算。

②增加的人工费。

若增加了合同以外的工程内容,或发包人原因造成工期拖延,致使承包人多用了人工或延长了工作时间,则承包人有权要求补偿人工费损失。增加的人工费按式(5-1)计算。

$$增加的人工费 = 工资单价 \times 人工数 \times 应赔偿(或延长)天数 \qquad (5-1)$$

经累加后,即为要求赔偿的人工费。

(2)材料费的计算。

材料费包括实际材料用量超过计划部分的费用(即额外材料的费用)和材料价格上涨费用。在材料费索赔计算中,要考虑材料运输费、仓储费、合理损耗的费用。

①额外材料费用按式(5-2)计算。

$$额外材料费用 = (材料实际用量 - 材料计划用量) \times 材料价格 \qquad (5-2)$$

增加的材料运杂费、采购及保管费用按实际发生的费用与报价的差值计算。

②某种材料价格上涨费用按式(5-3)计算。

$$某种材料价格上涨费用 = (现行价格 - 基本价格) \times 材料用量 \qquad (5-3)$$

合同通用条款中规定:基本价格是指在递交投标书截止日期前第 28 天该种材料的价格,

现行价格是指在递交投标书截止日期前第 28 天后的任何日期通行的该种材料的价格,材料用量是指在现行价格有效期内所采购的该种材料的数量。

③材料积压损失费。

合同中已支付材料预付款的,原则上不考虑材料积压损失费;合同中未支付材料预付款的,可根据材料费价格及积压材料的费用总额计算其利息;对于使用时间有要求的材料,当材料积压时间太长时,应根据实际情况考虑材料超过使用期限后报废的损失。

(3)施工机械使用费的计算。

①机械设备停置费。

合同中规定了计算方法的,原则上按合同中规定的计算方法计算;合同中未规定计算方法的,可参考式(5-4)计算。

$$机械设备停置台班单价 = (折旧费 + 大修理费) \times \alpha\% + 机上人员工资 + 车船使用税$$

$$(5\text{-}4)$$

其中,折旧费、大修理费是指机械台班费用定额中每台班的折旧费和大修理费;$\alpha\%$ 为机械设备的使用率,按有关规定执行;机上人员工资按停工、窝工人工费的计算方法确定;养路费及车船使用税可查有关定额或规定。

施工单位租赁机械,可在出具租赁合同后,根据租赁价格扣除燃料费后确定其停置费。

②增加机械设备的费用。

首先计算机械工作时间的增加量,即原有各种机械比预定计划所增加的工作时间(或台班)及新增加各种机械和数量的工作时间(或台班);其次,将求得以上各种工作时间的增加量乘以合同规定单价或台班单价;最后,将不同种类机械费用累计,就可以计算出机械的索赔金额。

(4)管理费的计算。

①可根据实际情况由发包人、监理人、承包人协商确定(主要考虑现场管理费)。

②按辅助资料表之单价分析表中的管理费比例,测算管理费占合同总价的比例,确定合同总价中的管理费总额,再根据项目合同工期测算承包人每天的现场管理费总额,最后根据增工、停工或窝工时间确定索赔事件发生期间所发生的管理费总额。

(5)延长工期后的费用。

①当合同规定由承包人办理工程保险时,工程保险费追加可根据保险单或调查所得的保险费率来确定。

②承包人临时设施维护费,如已包含在现场管理费中,则不另行计算,否则,可根据延长时间由发包人、监理人和承包人协商确定维护费。

③当合同规定临时租地费由承包人承担时,延长期间的临时租地费可根据租地合同或其他票据参考确定。

④临时工程的维护费可根据临时工程的性质和实际情况由发包人、承包人、监理人协商确定。

(6)延期付款利息。

根据项目专用合同条款数据表中规定的延期付款利率和延期付款时间按单利法或复利法进行计算。

(7)赶工费。

为抢工期而增加的周转性材料增加费、工效和机械效率降低费、职工的加班费、不经济地使用材料等赶工费由发包人、承包人和监理人根据赶工的工程性质和当时当地的实际情况协商确定。

(8)利润。

一般来说,由工程范围变更和施工条件变化引起的索赔,承包人是可以列入利润的。由于发包人的原因终止或放弃合同,承包人除有权获得已完工程款外,还应得到原定比例的利润。对于工程延误的索赔,由于利润通常是包括在每项实施的工程内容的价格之内的,而延误工期并未影响、削减某些项目的实施而导致利润减少,所以,监理人一般很难同意在延误费用索赔中加入利润损失。

索赔利润款额的计算通常与原报价单中的利润百分率保持一致。

(9)其他费用。

其他费用根据实际情况由发包人、承包人和监理人协商确定。

例 5-4

某项目建设单位与施工单位签订了工程施工承包合同,根据合同及其附件的有关条款,对索赔有如下规定:(1)因窝工发生的人工费按125元/工日计算,监理方如果提前一周通知施工单位则不以窝工计,以补偿费支付(40元/工日);(2)机械台班费分别为:塔式起重机3000元/台班,混凝土搅拌机700元/台班,砂浆搅拌机300元/台班,因窝工而闲置时,只考虑折旧费,按台班费的70%计算;(3)临时停工一般不补偿管理费和利润。

在施工过程中发生了以下事件。

事件1:6月8—21日,因建设单位提供的模板未到而使1台塔式起重机、1台混凝土搅拌机和35名支模工停工,但建设单位已于5月30日通知承包方。

事件2:6月10—21日,因建设单位原因导致工地停电停水,使1台砂浆搅拌机和30名工人停工。

事件3:6月20—23日,因砂浆搅拌机故障而使1台砂浆搅拌机和35名工人停工。

问题:施工单位在有效期内提出索赔要求时,监理单位认为合理的索赔金额是多少?

分析:①窝工机械闲置费:按合同机械闲置只计取折旧费。

塔式起重机1台:$3000 \times 70\% \times 14 = 29400$(元)

混凝土搅拌机1台:$700 \times 70\% \times 14 = 6860$(元)

砂浆搅拌机1台:$300 \times 70\% \times 12 = 2520$(元)

小计:$29400 + 6860 + 2520 = 38780$(元)

②窝工人工费:因业主已于1周前通知承包人,故只以补偿费支付;因砂浆搅拌机故障造成的窝工不予补偿。

事件1:$40 \times 35 \times 14 = 19600$(元)

事件2:$125 \times 30 \times 12 = 45000$(元)

小计:$19600 + 45000 = 64600$(元)

③临时停工一般不补偿管理费和利润。

故合理的赔偿金额为:$38780 + 64600 = 103380$(元)。

2. 总费用法

总费用法又称总成本法,即当多次发生索赔事件后,重新计算出该工程的实际总费用,再从实际总费用中减去投标合同价,即为索赔金额,按式(5-5)计算。

$$索赔金额 = 实际总费用 - 投标合同价 \tag{5-5}$$

该计算方法的缺点:(1)实际总费用中可能包括了承包人自身原因(如管理不善等)而增加的费用;(2)使承包人的低价中标无形中得到补偿。因此,只有索赔较多难以计算索赔费用时才采用这种方法。

3. 修正的总费用法

修正的总费用法是对总费用法的改进,即在总费用计算的原则上,去掉一些不合理的因素,使其更合理。修正的内容如下。

(1)将计算索赔款的时段局限于受到外界影响的时间,而不是整个施工期;

(2)只计算受影响时段内的某项工程所受的损失,而不是计算该时段内所有施工工作所受的损失;

(3)与该项工作无关的费用不列入总费用中;

(4)对投标报价费用重新进行核算,应用受影响时段内该项工作的实际单价乘以实际完成的该项工作的工作量,得出调整后的报价费用。

修正后索赔金额按式(5-6)计算。

$$修正后索赔金额 = 某项工作调整后的总费用 - 该项工作的合同费用 \tag{5-6}$$

(三)索赔费用的支付

索赔金额经计算确定后,就可以作为承包人的应收款项,作为中期支付证书或最终支付证书中的一个支付项目支付给承包人。

如果由于各方对索赔的争议较大,索赔处理时间持续较长,通常监理人可以将已经认可的部分在中期支付证书中进行暂定支付,这种支付是一项持续索赔的临时付款。监理人必须依据"索赔时间/金额审批表"签发索赔支付证明,并按有关规定将其列入中期支付证书或最终支付证书内予以支付,且必须按合同有关规定及"索赔时间/金额审批表"所确定的索赔金额支付。

六、工期索赔的计算方法

工期索赔计算方法主要有网络图分析法和比例类推法两种。

1. 网络图分析法

网络图分析法是利用进度计划网络图,分析其关键线路。如果延误的工作为关键工作,则延误的时间为索赔的工期;如果延误的工作为非关键工作,当该工作由于延误超过时差限制而成为关键时,可以延误时间与时差的差值作为索赔工期;若该工作延误后仍为非关键工作,则不存在工期索赔问题。

网络图分析法要求承包人切实使用网络技术进行进度控制,按此分析得出的索赔是科学合理的,容易得到认可。但在总索赔中,许多干扰事件的影响加在一起,使实际施工过程大大偏离计划,这种干扰后的网络图的绘制和分析极为困难,需要实际工程管理和索赔经验。

2.比例类推法

在实际工程中,干扰事件常常仅影响某些单项工程、单位工程或分部工程的工期,要分析它们对总工期的影响,可采用较简单的比例类推法。比例类推法可分为以下两种情况。

(1)按工程量进行比例类推。

索赔工期按式(5-7)计算。

$$索赔工期 = 原合同工期 \times 额外或新增加的工程量/原工程量 \qquad (5\text{-}7)$$

例 5-5

某工程基础施工中,出现了不利的地质障碍,发包人指令承包人进行处理,土石方工程量由原来的 2760m³ 增至 3280m³。原定工期为 45 天。合同规定 10% 范围内工程量增加为承包人应承担的风险,计算承包人由此可提出的索赔工期。

分析:因为合同规定 10% 范围内工程量增加为承包人应承担的风险,则索赔工期为:

索赔工期 = 45 × (3280 − 2760 × 110%) ÷ 2760 = 4(天)

(2)按造价进行比例类推。

如果施工中出现了很多大小不等的工期索赔事由,较难准确地单独计算,可经双方协商,采用造价比较法确定工期补偿天数。索赔工期按式(5-8)计算。

$$索赔工期 = 原合同工期 \times 额外或新增加的工程量价格/原合同价格 \qquad (5\text{-}8)$$

例 5-6

某工程合同总价 1000 万元,总工期 24 个月,现业主指令增加额外 90 万元的工程,计算承包人由此可提出的索赔工期。

索赔工期 = 24 × 90 ÷ 1000 = 2.16(月)

比例类推法简单方便,易于被接受和理解,但不尽科学、合理,有时不符合工程实际情况,不适用于变更施工顺序、加速施工、减少工程量等事件的索赔。

有时干扰事件直接发生在关键线路上或一次性地发生在一个项目上,造成总工期的延误,这时可通过查看施工日志、变更指令等资料,直接将这些资料中记载的延误时间作为工期索赔值。如承包人按照监理工程师的书面变更指令,完成变更所用的实际时间即为工期索赔值。

单元四　工程费用结算与支付

引导语

本单元要求熟悉工程费用结算的组成内容,能够正确计算各项支付费用,按规定的支付程序及要求完成工程费用支付的各项工作,并完成教材配套的工作页"学习任务 7:工程费用结算专项训练"。

 **相关知识**

一、工程费用结算概述

工程费用结算是发包人与承包人之间依据合同条件中的相关计价约定所进行的货币收支行为。它是发包人、承包人和监理人共同参与的活动,也是组织施工活动。及时掌握施工动态和变化情况的过程,正确、及时地做好工程费用结算各项工作具有十分重要的意义。

（一）工程费用结算的意义

（1）促使合同各方严格遵守合同,保证施工正常进行;

（2）强化监理人的监督作用,确保工程质量;

（3）促进资金周转,提高经济效益;

（4）确定工程费用实际数额;

（5）发包人与承包人办理财务结账的依据;

（6）建设单位编制竣工决算报告的基础资料;

（7）承包人核对工程成本、考核企业盈亏的依据。

（二）工程费用结算的特点

（1）时间性。

工程费用结算从结算申请、结算审查签认到费用支付,各个环节都有严格的时间限制。

（2）经济性。

发包人与承包人均是独立的经济实体,通过工程费用的合理结算,使双方在共同参与的工程活动中公平地实现各自的经济利益,即资金随工程的进展情况逐步由发包人向承包人转移,而工程活动中的物资（材料）则经过承包人加工形成发包人所需要的结构物。

（3）合法性。

工程费用结算不仅要遵守合同条款和国家、地区的有关政策规定,同时用于结算的各类凭证必须按国家有关政策合法提供,并且结算的各项工作程序必须符合合同规定的相关要求。

（三）工程费用结算的方式

工程费用结算的方式有:按月结算、竣工后一次结算、分段结算、目标结算及结算双方约定的其他结算方法。其中,按月结算是目前最常用的结算方式,它是以分部分项工程为对象,实行旬末或月中预支、月终结算、竣工后清算的一种结算办法。需由监理人每月先对承包人所完成的合格工程进行计量,确认应获得的款项后,再提交发包人审批并付款。

二、工程费用结算的内容

根据合同文件规定,工程费用结算内容一般可分为工程量清单内的费用项目和工程量清单以外、合同以内的费用项目两大类，即清单支付和合同支付。

（一）工程量清单内费用项目

工程量清单内费用项目是指工程量清单中有明确立项的支付项目。凡在工程费用预算时能够比较准确计算的工程细目和工作内容都应以物理单位或自然单位来计量，不太明确却可能发生的工程内容则使用暂列金额和计日工来计量。

1. 物理单位计量支付项目

工程量清单中的绝大部分工程内容是以物理单位计量支付，费用约占工程总费用的85%。

（1）支付条件。

完成了技术规范和设计图纸所规定的工作内容，且质量合格，计量结果准确无误，并且经监理人审核通过后方可支付。

（2）费用支付方法。

以每月实际完成工程项目的计量数量与报价单中相应单价的乘积作为支付金额。如果项目是分多次完成，则应在计量单上列出设计数量、上期累计完成数量和本期完成数量，并附上计算公式和简图。

2. 自然单位计量支付项目

以自然单位计量支付的项目分为按项支付和单纯按自然单位计价支付两种。

对于按项支付的结构物项目，例如某一涵洞、通道、房屋等，应先按结构形式和施工顺序将结构物分解成不同的工程部位；再估算各部位的价值，并计算其在该项结构物总额中所占的百分比；等施工中某一部位完成并通过监理人复核确认后，再支付该部位的费用。

对于单纯按自然单位计价支付项目，实际数量与报价单中的单价的乘积即为支付金额。

3. 暂列金额

（1）暂列金额应由监理人报发包人批准后指令全部或部分使用，或者根本不予动用。

（2）对于经发包人批准的每一笔暂列金额，监理人有权向承包人发出实施工程或提供材料、工程设备或服务的指令。这些指令应由承包人完成，监理人应根据合同条款约定的变更估价原则和合同条款中计日工的有关规定，对合同价格进行相应调整。

（3）当监理人提出要求时，除该工作是根据已标价工程量清单列明的单价或总额价进行的估价外，承包人应提供有关暂列金额支出的所有报价单、发票、凭证和账单收据。

4. 计日工

发包人认为有必要时，由监理人通知承包人以计日工方式实施变更的零星工作。其价款按列入已标价工程量清单中的计日工计价子目及其单价进行计算。

采用计日工计价的任何一项变更工作，在该项变更的实施过程中，承包人应按合同约定提交下列报表和有关凭证送发包人复核：

（1）工作名称、内容和数量；

（2）投入该工作所有人员的姓名、工种、级别和耗用工时；

（3）投入该工作的材料名称、类别和数量；

（4）投入该工作的施工设备型号、台数和耗用台时；

（5）发包人要求。

计日工由承包人汇总后，按合同条款的有关约定列入进度付款申请单，由监理人复核并经发包人同意后列入进度付款。

（二）工程量清单以外、合同以内的费用项目

工程量清单以外、合同以内的费用项目是指工程量清单中虽未注明，但合同条款中有规定的费用项目，包括开工预付款，材料、设备预付款，质量保证金，工程变更费用，索赔费用，价格调整，逾期交工违约金，提前交工奖金，逾期付款违约金，农民工工资保证金等。虽然其在工程费用支付中所占比例不大，但灵活性大，比较难以把握和控制，是支付工作中的重点和难点。

1. 预付款

预付款是工程开工前根据合同规定，发包人提供给承包人用于购置材料、工程设备、施工设备、修建临时设施以及组织施工队伍进场等的无息款项。预付款包括开工预付款和材料、设备预付款。

（1）预付款额度和支付办法。

①开工预付款的金额在项目专用合同条款数据表中约定。在承包人签订合同协议书且承包人承诺的主要设备进场后，监理人应在当期进度付款证书中向承包人支付开工预付款。

承包人不得将该预付款用于与本工程无关的支出，监理人有权监督承包人对该项费用的使用，如经查实承包人滥用开工预付款，发包人有权立即向银行索赔履约保证金，并解除合同。

②材料、设备预付款按项目专用合同条款数据表中所列主要材料、设备单据费用（进口的材料、设备为到岸价，国内采购的为出厂价或销售价，地方材料为堆场价）的百分比支付。其预付条件为：

a. 材料、设备符合规范要求并经监理人认可；

b. 承包人已出具材料、设备费用凭证或支付单据；

c. 材料、设备已在现场交货，且存储良好，监理人认为材料、设备的存储方法符合要求。

则监理人应将此项金额作为材料、设备预付款计入下一次的进度付款证书中。在预计交工前 3 个月，将不再支付材料、设备预付款。

（2）预付款保函。

承包人无须向发包人提交预付款保函。发包人向承包人支付的预付款，应按照合同规定使用，承包人提交的履约保证金对预付款的正常使用承担保证责任。

（3）预付款的扣回与还清。

①开工预付款在进度付款证书的累计金额未达到签约合同价的30%之前不予扣回，在达到签约合同价的30%之后，开始按工程进度以固定比例（即每完成签约合同价的1%，扣回开工预付款的2%）分期从各月的进度付款证书中扣回，全部金额在进度付款证书的累计金额达到签约合同价的80%时扣清。

开工预付款的扣回有时也采用月度平均法，即自承包人获得工程进度款累计总额达到合同总价的20%的当月起开始扣，直到规定竣工日期前 3 个月扣清。在此期间内，每个月等值地从应得工程进度款内扣回。

②当材料、设备已用于或安装在永久工程之中时，材料、设备预付款应从进度付款证书中扣回，扣回期不超过3个月。已经支付材料、设备预付款的材料、设备的所有权应属于发包人。

若某月承包人应得工程进度款较少，不足以扣除应扣预付款时，其余额计入下月应扣款额内。

例 5-7

某项工程合同总价为1500万元，开工预付款在项目专用合同条款数据表中约定的额度为10%。到第7个月时累计支付工程款金额为400万元，第8个月时累计支付工程款金额为465万元，第9个月时累计支付工程款金额为540万元。试计算每月扣回开工预付款的金额。

分析：已知

开工预付款总额 = 1500 × 10% = 150（万元）

合同总价的30% = 1500 × 30% = 450（万元）

第7个月时，累计支付工程款金额为400万元 < 450万元（合同总价的30%），在中期支付中不扣除开工预付款。

第8个月时，累计支付工程款金额为465万元 > 450万元（合同总价的30%），则应从第8个月开始，在中期支付中按比例扣除开工预付款。

扣除方法采用：每完成合同总价的1%（15万元），扣回开工预付款的2%（3万元）。则

第8个月扣回的开工预付款 = （465 − 450）/15 × 3 = 3（万元）

第9个月扣回的开工预付款 = （540 − 465）/15 × 3 = 15（万元）

第10个月及以后按照同样方法计算每月应扣回的开工预付款。

2.质量保证金

质量保证金是按合同约定承包人应向发包人缴纳的，作为督促承包人实施未完工程及修补工程缺陷的保证金。交工验收证书签发后14天内，承包人应向发包人缴纳质量保证金。质量保证金可采用银行保函或现金、支票形式，金额应符合项目专用合同条款数据表的规定。采用银行保函时，出具保函的银行须具有相应担保能力，且按照发包人批准的格式出具，所需费用由承包人承担。

质量保证金采用现金、支票形式提交的，发包人应在项目专用合同条款数据表中明确是否计付利息以及利息的计算方式。

在项目专用合同条款约定的缺陷责任期满，且质量监督机构已按规定对工程质量检测鉴定合格时，承包人向发包人申请到期应返还承包人剩余的质量保证金，发包人应在14天内会同承包人按照合同约定的内容核实承包人是否完成缺陷责任。如无异议，发包人应当在核实后将剩余保证金返还承包人。

在项目专用合同条款约定的缺陷责任期满时，承包人没有完成缺陷责任的，发包人有权扣留与未履行责任剩余工作所需金额相应的质量保证金，并有权根据合同条款（缺陷责任期的延长）有关约定要求延长缺陷责任期，直至完成剩余工作为止。缺陷责任期最长不超过2年。

3.工程变更费用

工程变更费用的支付依据是工程变更令和变更清单，支付方式采用列入中期支付证书的

形式,支付货币与其他支付项目相同,即按承包人投标时所提出的货币种类和比例进行付款。工程变更费用内容及计算方法已在本模块单元二中作详细介绍。完成的变更工程数量应有监理人签认的变更工程计量证书。

4.索赔费用

索赔费用的支付金额应按照监理人签发的索赔审批书来确认或者按照监理人暂时确定的赔偿额来支付。索赔及费用计算详见本模块单元三。

5.价格调整

由于公路建设周期较长,为体现合同双方公平、合理分担价格意外风险的原则,在合同执行期间,由于劳务、材料或影响工程施工成本的任何其他事项的价格涨落而引起费用增减时,除项目专用合同条款另有约定外,因物价波动引起的价格调整应按照项目专用合同条款数据表的规定,可按照以下原则处理。

(1)采用价格指数调整价格差额。

因人工、材料和设备等价格波动影响合同价格时,根据投标函附录中的价格指数和权重表约定的数据,按式(5-9)计算差额并调整合同价格。

$$\Delta P = P_0 \left[A + \left(B_1 \times \frac{F_{t1}}{F_{01}} + B_2 \times \frac{F_{t2}}{F_{02}} + B_3 \times \frac{F_{t3}}{F_{03}} + \cdots + B_n \times \frac{F_{tn}}{F_{0n}} \right) - 1 \right] \tag{5-9}$$

式中:ΔP——需调整的价格差额;

P_0——合同条款约定的付款证书中承包人应得到的已完成工程量的金额,此项金额应不包括价格调整、不计预付款的支付和扣回、质量保证金的扣留和支付,变更工程及其他金额已按现行价格计价的也不计在内;

A——定值权重(即不调部分的权重),$A = 1 - (B_1 + B_2 + B_3 + \cdots + B_n)$;

B_i——价格调整公式中的变值权重,由发包人根据项目实际情况测算确定范围,并在投标函附录价格指数和权重表中约定范围;承包人投标时在此范围内填写各可调因子的权重,合同实施期间将按此权重进行调价;

F_{ti}——各可调因子的现行价格指数,指付款证书相关周期最后一天的前42天的各可调因子的价格指数;

F_{0i}——各可调因子的基本价格指数,指基准日期(即送交投标书截止期前28天的所在年份)的各可调因子的价格指数。

以上价格调整公式中的各可调因子、定值权重和变值权重,以及基本价格指数及其来源在投标函附录价格指数和权重表中约定。

各可调因子是指对工程投资、工程成本影响较大且投入数量较多的主要材料。一般品种不宜太多,参与调价的因素取5~10种为宜,以便于计算。价格指数是指某一个时期的数值与该数的基数之比,用于表达某种价格上涨或下降,一般由代表官方的权威机构发布。

在采用价格调整公式进行调价时,应遵守以下规定。

①价格调整公式中的各可调因子、定值权重和基本价格指数及其来源,由发包人在投标函附录价格指数和权重表中约定。应首先采用国家或省(区、市)价格部门或统计部门提供的价格指数,缺乏上述价格指数时,可采用上述部门提供的价格。

价格调整公式中的变值权重,由发包人根据项目实际情况测算确定变值权重的取值范围,并在投标函附录价格指数和权重表中约定;承包人投标时在此范围内填写各可调因子权重,合同实施期间将按此权重进行调价。

②计算调整差额时得不到现行价格指数的,可暂用上一次价格指数计算,并在以后的付款中再按实际价格进行调整。

③设计变更导致原定合同中权重不合理时,可由监理人与承包人和发包人协商后进行调整。

④由于承包人原因未在约定的工期内竣工的,对原约定竣工日期后继续施工的工程,在使用价格调整公式时,应采用原约定竣工日期与实际竣工日期两个价格指数中较低的一个作为现行价格指数。

(2)采用造价信息调整价格差额。

施工期内,因人工、材料、设备和机械台班价格波动影响合同价格时,人工、机械使用费按照国家或省(区、市)建设行政管理部门、行业建设管理部门或其授权的工程造价管理机构发布的人工成本信息、机械台班单价或机械使用费系数进行调整;需要进行价格调整的材料,其单价和采购数应由监理人复核,监理人确认需调整的材料单价及数量,作为调整工程合同价格差额的依据。

如果在基准日后,法律变化导致承包人在合同履行中所需要的工程费用发生除上述"物价波动引起的价格调整"约定以外的增减时,监理人应根据法律、国家或省(区、市)有关部门的规定,按合同中有关商定或确定条款的规定商定或确定需调整的合同价款。

例 5-8

某高速公路项目,业主在招标文件的"投标须知"中声明,工程造价随物价变化而进行合同价格调整,投标人报价时以 2022 年市场物价为基础,不考虑物价风险,发生支付时全部按人民币支付。各年的工作量为:2022 年 618 万元,2023 年 4571 万元,各种指标价格指数见表 5-2。试计算各年度价格调整额。

各种指标的价格指数   表 5-2

序号	指标名称	权重系数	2023 年价格指数
1	人工	0.124	112
2	钢材	0.116	129
3	水泥	0.13	127
4	沥青	0.16	118
5	机械使用费	0.12	127
6	燃油料	0.1	130
7	其他材料	0.05	126
8	非调部分	0.2	

解:根据招标文件规定,当年完成的工作量不予调价,即 $\Delta P(2022)=0$;

$\Delta P(2023)=4571\times[\,(0.2+0.124\times112/100+0.116\times129/100+0.13\times127/100+$

$$0.16 \times 118/100 + 0.12 \times 127/100 + 0.1 \times 130/100 + 0.05 \times 126/100) - 1]$$
$$= 858.53(万元)$$

6. 逾期交工违约金

由承包人原因造成工期延误的,承包人应支付逾期交工违约金。逾期交工违约金的计算方法在项目专用合同条款数据表中约定,时间自预定的交工日期起到交工验收证书中写明的实际交工日期止(扣除已批准的延长工期),按天计算。逾期交工违约金累计金额最高不超过项目专用合同条款数据表中写明的限额。发包人可以从应付或到期应付给承包人的任何款项中或采用其他方法扣除此违约金。

承包人支付逾期交工违约金,不免除承包人完成工程及修补缺陷的义务。

如果在合同工程完工之前,已对合同工程内按时完工的单位工程签发了交工验收证书,则合同工程的逾期交工违约金,应按已签发交工验收证书的单位工程的价值占合同工程价值的比例予以减少,但本规定不应影响逾期交工违约金的规定限额。

7. 提前交工奖金

发包人不得随意要求承包人提前交工,承包人也不得随意提出提前交工的建议。如遇特殊情况,确需将工期提前的,发包人和承包人必须采取有效措施,确保工程质量。发包人应承担承包人由此增加的费用,并向承包人支付专用合同条款约定的提前交工奖金。

如果承包人提前交工,发包人支付奖金的计算方法在项目专用合同条款数据表中约定,时间自交工验收证书中写明的实际交工日期起至预定的交工日期止,按天计算。奖金最高限额不超过项目专用合同条款数据表中写明的限额。

8. 逾期付款违约金

发包人不在合同规定的时间内按期支付工程进度款的,应按项目专用合同条款数据表中约定的利率向承包人支付逾期付款违约金。违约金计算基数为发包人的全部未付款额,时间从应付而未付该款额之日算起(不计复利)。

监理人在确认发包人在收到监理人签发的支付证书后,没有在合同规定的时间内向承包人付款的,应签发逾期付款利息的支付证明。

9. 农民工工资保证金

为确保施工过程中农民工工资实时、足额发放到位,承包人应按照项目专用合同条款约定的时间和金额缴存农民工工资保证金。农民工工资保证金可采用银行保函或现金、支票形式。采用银行保函时,出具保函的银行须具有相应担保能力,且按照发包人批准的格式出具,所需费用由承包人承担。农民工工资保证金的扣留条件、返还时间按照项目专用合同条款的约定执行。

三、工程费用支付的原则

1. 支付必须公平合理

支付工程费用时,监理人必须组织并协调好发包人与承包人之间的收支行为,使双方发生的每一项工程费用都符合合同规定,做到公平、合理。监理人应客观、准确地评价承包人的施工活动,认真计算各项工程费用,并及时签发付款证书,使承包人及时得到补偿;同时也要保证发包人获得质量合格的工程实体。

2.支付必须以工程计量为基础

工程量清单中的工程量仅是估算工程量,不能作为承包人应予完成的工程的实际和确切工程量。工程计量是按照合同文件及技术规范中规定的方法对承包人符合要求的已完工程的实际数量所进行的测量、计算、核查和确认的过程。工程计量是费用支付的基础,没有准确的计量就不可能有准确的支付,并且工程计量必须以工程质量合格为前提。

3.支付必须以技术规范和报价单为依据

技术规范中对各个工程细目的工作内容、工作要求、计量方法及支付要求都有具体规定。工程量清单中各个工程细目投标报价是费用支付时的单价依据。因此,必须结合技术规范和已标价工程量清单内容,才能正确计算工程费用。

4.支付必须以日常记录和合同条款为依据

工程费用支付除工程量清单中列明的项目外,还有许多工程量清单以外、合同以内的费用项目,招投标时通常无法预计或准确估计,如一些变更、索赔等工程项目,因此,工程计量与审核时必须以日常详细的记录资料和合同条件为依据。

5.支付必须及时

工程费用必须按照合同条款中的相关约定及时支付,通过建设资金的周转,既可以使承包人有足够的建设资金保证工程项目的顺利实施,又可以使发包人及时掌握施工动态和工程变化情况。

6.支付必须遵循规定的程序

为了保证工程费用支付的合理性和及时性,合同文件中对各项费用的支付条件、支付方法和申报、计算、复核、审批、支付等都规定了具体程序和严格的时间限制,因此,工程费用支付必须遵循规定的程序。

四、工程费用支付的程序

工程费用支付是监理人对承包人应获得的工程进度款项予以确认,并由发包人给予支付的过程。工程费用支付按支付时间可分为预先支付、中期支付、交工结算和最终结清四类。

(一)预先支付

预先支付是指施工合同签订后,发包人按照合同约定预先支付给承包人一笔无息工程款,用于承包人施工前准备和购置材料、工程设备、施工设备、修建临时设施以及组织施工队伍进场等。预付款包括开工预付款和材料、设备预付款。预付款的支付条件、担保与扣回在专用合同条款中均有规定。

承包人在签订合同协议书和提交履约保证金(或履约保函)后向发包人提交预付款支付申请,发包人应在收到支付申请的7天内进行核实后向承包人发出预付款支付证书,并在签发支付证书后的7天内向承包人支付预付款。

（二）中期支付

中期支付又称月进度支付，是监理人按月对承包人已完成的工作进行计量，根据合同规定从承包人当月应获得的工程进度款项中扣减相关款项后，由发包人支付给承包人费用的过程。支付程序如下。

1. 中期支付申请

承包人应在每个付款周期末，按监理人批准的格式和专用合同条款约定的份数，向监理人提交由其项目经理签署的进度付款申请单，并附相应的支持性证明文件。除项目专用合同条款另有约定外，进度付款申请单包括以下内容。

（1）截至本次付款周期末已实施工程的价款；

（2）工程量清单中列有的任何其他项目，如临时工程、计日工费等；

（3）根据合同约定应增加和扣减的变更金额和索赔金额；

（4）根据合同约定应支付的预付款和扣减的返还预付款；

（5）根据合同应增加和扣减的其他金额，如因物价浮动和法规变更而引起的价格调整等。

中期支付项目及计算程序见表5-3。

费用支付项目及计算程序 　　　　　　　　　　　　　　　　　　表5-3

序号	项目	计算方法
1	工程量清单各章项目	截至本月完成累计金额
2	设计变更	算逐月累计额
3	计日工	算逐月累计额
4	工程索赔	算逐月累计额
5	截至本月已完成的工程总金额	1＋2＋3＋4
6	开工预付款支付	加已拨付数额
7	扣回开工预付款	①已扣还数额　②剩余数额
8	材料、设备预付款支付	算逐月累计额
9	扣回材料、设备预付款	①已扣还数额　②剩余数额
10	本期支付总值	5＋7②＋9②
11	减：逾期违约罚金	合同规定百分比×合同价×逾期天数
12	截至本期总支付	10－11
13	减：上期支付证书第12项	12－13
14	本期净支付总额	12－13
	其中：　％人民币　　％外汇　　汇率：按合同汇率	
15	加：延期付款利息	按合同规定办法计算本期发生额
	加：本期价格调整	应分人民币和外汇部分
	本期实际支付款额	人民币：　　　　外汇：

2. 中期支付申请的核查与签认

监理人在收到承包人进度付款申请单以及相应的支持性证明文件后的 14 天内完成核查，提出发包人到期应支付给承包人的金额及相应的支持性资料，经发包人审查同意后，由监理人向承包人出具经发包人签认的进度付款证书。

核查工作主要包括以下几个方面。

（1）申请的格式和内容满足合同要求；

（2）各项资料、证明文件手续齐全；

（3）所有款项计算与汇总正确。

核查中若发现所列出的数量不正确或者任何一个工程项目的质量不符合要求等，监理人有权扣发承包人未能按照合同要求履行任何工作或义务的相应金额。

如果该付款周期应结算的价款经扣留和扣回后的款额少于项目专用合同条款数据表中列明的进度付款证书的最低金额，则该付款周期监理人可不核证支付，上述款额将按付款周期结转，直至累计应支付的款额达到项目专用合同条款数据表中列明的进度付款证书的最低金额为止。

3. 发包人的支付

发包人应在监理人收到进度付款申请单且承包人提交了合格的增值税专用发票后的 28 天内，将进度应付款支付给承包人。

发包人不按期支付的，按项目专用合同条款数据表中约定的利率向承包人支付逾期付款违约金。违约金计算基数为发包人的全部未付款额，时间从应付而未付该款额之日算起（不计复利）。

进度付款涉及政府投资资金的，按照国库集中支付等国家相关规定和专用合同条款的约定办理。

4. 工程进度付款的修正

在对以往历次已签发的进度付款证书进行汇总和复核中发现错漏或重复的，监理人有权予以修正，承包人也有权提出修正申请，经双方复核同意的修正，应在本次进度付款中支付或扣除。

（三）交工结算

交工结算是指在签发交工证书后的规定时间内进行的支付。

1. 交工付款申请单

承包人应在交工验收证书签发后 42 天内，按项目专用合同条款数据表中约定的份数向监理人提交交工付款申请单（包括相关证明材料）。除专用合同条款另有约定外，交工付款申请单应包括交工结算合同总价、发包人已支付承包人的工程价款、应支付的交工付款金额。

监理人对交工付款申请单有异议的，有权要求承包人进行修正和提供补充资料。经监理人和承包人协商后，由承包人向监理人提交修正后的交工付款申请单。

2. 交工付款证书及支付时间

(1)监理人在收到承包人提交的交工付款申请单后的 14 天内完成核查,提出发包人到期应支付给承包人的价款送发包人审核,并抄送承包人。发包人应在收到后 14 天内审核完毕,由监理人向承包人出具经发包人签认的交工付款证书。监理人未在约定时间内核查又未提出具体意见的,视为承包人提交的交工付款申请单已经监理人核查同意;发包人未在约定时间内审核又未提出具体意见的,监理人提出发包人到期应支付给承包人的价款视为已经发包人同意。

(2)发包人应在监理人出具交工付款证书且承包人提交了合格的增值税专用发票后的 14 天内,将应支付款支付给承包人。发包人不按期支付的,按合同条款的约定,将逾期付款违约金支付给承包人。

(3)承包人对发包人签认的交工付款证书有异议的,发包人可出具交工付款申请单中承包人已同意部分的临时付款证书。存在争议的部分,按合同条款中争议的解决有关约定办理。

(4)竣工付款涉及政府投资资金的,按照国库集中支付等国家相关规定和专用合同条款的约定办理。

(四)最终结清

最终结清是工程缺陷责任期满,在签发"缺陷责任终止证书"后的规定时间内办理的最后一笔费用。

1. 最终结清申请单

承包人应在缺陷责任期终止证书签发后的 28 天内,按项目专用合同条款数据表中约定的份数向监理人提交最终结清申请单(包括相关证明材料)。最终结清申请单中要详细说明根据合同完成的全部工程价值和承包人依据合同认为还应支付给其的任何进一步款项。最终结清申请单中的总金额应认为是代表了根据合同规定应付给承包人全部款项的最后结算。

发包人对最终结清申请单内容有异议的,有权要求承包人进行修正和提供补充资料,由承包人向监理人提交修正后的最终结清申请单。

2. 最终结清证书和支付时间

(1)监理人收到承包人提交的最终结清申请单后的 14 天内,提出发包人应支付给承包人的价款送发包人审核,并抄送承包人。发包人应在收到后 14 天内审核完毕,由监理人向承包人出具经发包人签认的最终结清证书。监理人未在约定时间内核查又未提出具体意见的,视为承包人提交的最终结清申请已经监理人核查同意;发包人未在约定时间内审核又未提出具体意见的,监理人提出应支付给承包人的价款视为已经发包人同意。

(2)发包人应在监理人出具最终结清证书且承包人提交了合格的增值税专用发票后的 14 天内,将应支付款支付给承包人。发包人不按期支付的,按合同条款有关的约定,将逾期付款违约金支付给承包人。

(3)承包人对发包人签认的最终结算证书有异议的,按合同条款中争议的解决有关约定办理。

(4)竣工付款涉及政府投资资金的,按照国库集中支付等国家相关规定和专用合同条款的约定办理。

例 5-9

某工程项目,发包人与承包人签订了工程施工承包合同,合同中估算工程量为 $5300m^3$,单价为 180 元$/m^3$。合同工期为 6 个月,有关支付条款约定如下。

(1)开工前,发包人应向承包人支付估算合同价 20% 的预付款。

(2)当累计实际完成工程量超过(或低于)估算工程量的 10% 时,价格应予调整,调价系数为 0.9(或 1.1)。

(3)每月签发付款证书最低金额为 15 万元。

(4)预付款从施工单位获得累计工程款超过估算合同价的 30% 以后的下一个月起至第 5 个月均匀扣除。

(5)第 4 个月承包人完成价值 3 万元的变更工程,并获得索赔费用 2 万元。

承包人每月实际完成并经签证确认的工程量见表5-4。

每月实际完成并经签证确认的工程量(单位:m^3)　　　　　表 5-4

月份	1	2	3	4	5	6
完成工程量	800	1000	1200	1200	1200	500
累计完成工程量	800	1800	3000	4200	5400	5900

问题:(1)估算合同总价是多少?

(2)预付工程款是多少?预付工程款从哪个月起扣留?每月扣预付工程款是多少?

(3)每月工程价款是多少?应签证的工程款是多少?实际应签发的付款凭证金额是多少?

解:(1)估算合同总价为 95.4 万元,即 $5300 \times 180 = 954000$(元)$= 95.4$(万元)。

(2)预付工程款为 19.08 万元,即 $95.4 \times 20\% = 19.08$(万元)。

因为第一、二期累计工程款:$1800 \times 180 = 324000$(元)$= 32.4$(万元)$> 95.4 \times 30\% = 28.62$(万元),根据合同规定,累计工程款从超过估算合同价的 30% 以后的下一个月起至第 5 个月均匀扣除,可知预付工程款从第 3 个月开始扣除。

每月应扣预付工程款:$19.08 \div 3 = 6.36$(万元)。

(3)各月签发付款凭证金额分别为:

①第 1 个月工程款:$800 \times 180 = 144000$(元)$= 14.4$(万元)。

本月应签证的工程款:14.4 万元 < 15 万元(本月不予付款)。

②第 2 个月工程款:$1000 \times 180 = 180000$(元)$= 18$(万元)

本月应签发的工程款:$18 + 14.4 = 32.4$(万元)。

③第 3 个月工程款:$1200 \times 180 = 216000$(元)$= 21.6$(万元)。

本月应扣预付款:6.36 万元

本月应签证的工程款:$21.6 - 6.36 = 15.24$(万元)> 15(万元)。

④第 4 个月工程款:$1200 \times 180 = 216000($元$) = 21.6($万元$)$

本月应扣预付款:6.36 万元

本月应签证的工程款:$21.6 + 3 + 2 - 6.36 = 20.24$ (万元)。

⑤第 5 个月累计完成 $5400m^3$,比原估算的工程量多 $100m^3$,但未超过估算的 10%,仍按原价估算工程价款:$1200 \times 180 = 216000($元$) = 21.6($万元$)$

本月应扣预付款:6.36 万元

本月应签证的工程款:$21.6 - 6.36 = 15.24($万元$)$。

⑥第 6 个月累计完成 $5900m^3$,比原估算的工程量多 $600m^3$,已超过估算的 10%,对超过部分应调整单价。应调整单价的工程量:$5900 - 5300 \times (1 + 10\%) = 70(m^3)$

本月完成的工程价款:$(500 - 70) \times 180 + 70 \times 180 \times 0.9 = 88740($元$) = 8.874($万元$)$

本月应签证的工程款:8.874 万元。

······ 《 模 块 考 核 》 ······

思考题

1. 什么是施工合同?按工程计价方式可分为哪些类型?

2. 施工合同条款分为哪几种类型?

3. 简述工程变更的处理流程。

4. 如何确定工程变更项目的单价?

5. 什么是工程索赔?工程索赔的类型有哪些?

6. 工程索赔成立的基本条件是什么?

7. 简述工程索赔的程序及时效性要求。

8. 什么是工程费用结算?工程费用结算有哪些特点?

9. 工程费用结算包含哪些内容?工程量清单内的项目如何计费?

10. 开工预付款的扣除有哪些要求?

11. 工程费用按支付时间可分为哪几类?简述中期支付费用计算程序。

模块六
CHAPTER SIX

公路工程造价管理系统应用

知识目标

(1)掌握使用同望 WECOST 编制概(预)算文件的操作方法;

(2)掌握使用同望 WECOST 编制投标报价的操作方法。

能力目标

(1)能使用同望 WECOST 完成公路工程概(预)算文件的编制;

(2)能使用同望 WECOST 完成公路工程投标报价的编制。

素质目标

(1)培养团队协助与合作等意识;

(2)培养自我学习的习惯和能力。

单元一　认识公路工程造价软件

 **引导语**

本单元要求了解公路工程软件的基本功能和特点。

相关知识

公路工程造价文件的编制是一项烦琐又复杂的工作,费时费力,计算工作量大。为了提高工作效率,近年来公路管理、设计、施工等部门已经广泛推广应用计算机软件进行工程造价文件的编制。目前用于公路工程造价计算的软件有很多,如同望 WECOST 公路工程造价管理系统(简称同望 WECOST)、纵横公路造价管理系统、超人公路造价概预算软件、凯威公路工程造价管理软件、饮羽公路造价软件、大盛公路工程造价管理系统等。本模块以同望 WECOST 为例介绍运用计算机编制公路工程概(预)算和投标报价的操作方法。

一、同望 WECOST 简介

同望 WECOST 公路工程造价管理系统主要适用于公路工程基本建设项目投资估算、设计概算、施工图预算、招标控制价、清单报价及结算造价文件的编制。

1. 软件的下载安装

下载安装程序可登录同望科技股份有限公司官方网站 http://www.toone.com.cn,进入"天工造价"子网站 http://www.tgcost.com,在下载中心下载安装程序。

可扫码观看"WECOST 软件下载及安装介绍"(视频)。

2. 软件的版本介绍

(1)基础版:编制公路工程可行估算、建议估算、设计概算、修正概算、施工图预算、清单预算、招标控制价、中间结算、设计变更结算、单价变更审核、竣工决算等。

WECOST 软件下载
及安装介绍(视频)

(2)专业版:包括"基础版功能 + 审核功能 + 各省养护计价包 + 市政园林定额包",编制可行估算、建议估算、设计概算、修正概算、施工图预算、清单预算、招标控制价、中间结算、设计变更结算、单价变更审核、竣工决算等。

(3)PLUS 版:包括"专业版功能 + 工程量采集 + 材料调差 + 天工造价信息会员服务",编制可行估算、建议估算、设计概算、修正概算、施工图预算、清单预算、招标控制价、中间结算、设计变更结算、单价变更审核、竣工决算等。

(4)学习版:注册"天工造价"账号,使用账号登录同望造价软件系统,获取学习版使用权限。学习版除不能直接打印和导出报表,以及建筑安装金额有一定限额外,其他功能均与标准版相同。

(5)教学版:导出报表含水印,其他功能不受限制,可师生多人同时登录操作使用。

二、同望 WECOST 的特点

(1)可实现多项目、多专业、多用户的造价管理。

通过项目导航树来组织多项目,并且支持多文档的编辑模式;可以同时打开多个项目的造价文件,进行定额选套、复制粘贴和造价对比等操作;同一建设项目可以任意分解为不同层次的子项目,各子项目可以兼顾公路、房建、通信等多专业的计价依据,同时按项目分解层次进行费用汇总,输出项目的汇总报表。

(2)预算书编制轻松自如。

同望 WECOST 提供的预算书编制功能采用智能识别、批量处理、实时计算、模板应用等技术,最大限度地提升用户的预算编制效率。

系统的清单指引功能,方便新手用户通过选择工程内容快速选套定额;系统提供的定额智能匹配功能,能够记忆标准项项目与定额子目的匹配次数,在选套定额时想选的定额子目会自动排在选择列表的最前项。

(3)审核处处留痕,支持多级审核及查询。

同望 WECOST 支持多级审核,审核时可以对编制文件任意位置进行修改并留痕,各级审核过程用不同颜色标识区分(设置不同部分的审核颜色),方便查看,可查询任意级别审核内容和结果,并输出审核报表。

(4)多种清单调价方式,调价快速、灵活。

系统提供"正算调价"和"反算调价"两种方式。"正算调价"可调整工料机的消耗量、单价和综合费率;"反算调价"即通过输入一个控制目标价,系统自动反算出工料机的消耗、单价和综合费率。

(5)报表输出灵活美观。

系统内置丰富、标准、实用的报表,支持用户调整报表格式,包括字体、边距、版式、版面等,用户也可以尝试自定义报表。

单元二 公路工程概(预)算操作流程

引导语

本单元结合同望 WECOST,学习公路工程造价管理系统的操作方法,并完成教材配套的工作页"学习任务 8:工程造价管理软件操作专项训练"。

相关知识

使用同望 WECOST 编制概(预)算文件,其基本流程主要分为以下六个步骤。

(1)新建建设项目及造价文件;

(2)选择参数,确定取费程序;

(3)计算概(预)算总金额;

(4)工料机汇总分析;

(5)成果报表输出与打印;

(6)数据交互应用。

一、新建建设项目及造价文件

在新建项目前,需要先登录软件。新建建设项目及造价文件之后,可以根据项目概况,填写基本信息。

1.登录软件

双击同望 WECOST 图标,打开同望造价软件,通过加密锁或者通过天工造价账号登录软件。只有通过加密锁登录软件,才是正式版权限,功能不受限制,通过账号或第三方登录的,只拥有学习版权限,功能权限受到一定的限制。

2. 新建项目及造价文件

登录之后,进入"项目管理"界面。鼠标右键单击"新建项目或造价文件",系统会自动弹出新建"建设项目"或"造价文件"对话框,当一个建设项目有多个标段时,可先新建建设项目,再对应每个标段新建造价文件。若只有一个标段的建设项目,则可以直接新建造价文件,建设项目自动生成。

如何新建项目及打开
造价文件(视频)

在弹出的窗口中对应输入建设项目名称,选择工程所在地、建设性质、工程阶段、编制类型等相关基本信息,点击"确定",即可完成"建设项目"的新建。建设项目不同的建设计价阶段,要采取相应不同的"计价依据",如估算、概算、施工图预算、清单等。

可扫码观看"如何新建项目及打开造价文件(视频)"。

3. 完善项目基本信息

根据工程实际情况,填写建设项目的基本信息和造价文件的基本信息。

4. 进入"预算书"界面

确定好项目的基本信息后,定位到"造价文件"处,双击"计价依据"或右键"打开项目",即可进入"预算书"编制界面。

二、选择参数,确定取费程序

工程费率主要是指公路工程的措施费、企业管理费、规费、利润、税金等取费,一般按现行《公路工程建设项目概算预算编制办法》(JTG 3830)的规定,采用定额直接费乘以费率的方式计算为主,或根据项目所在地具体施工情况选择不同的费率标准等。

在"取费程序"界面,主要是选取各种费率,根据工程实际情况取用不同的值。各省(区、市)结合当地实际情况,对现行《公路工程建设项目概算预算编制办法》(JTG 3830)做了相应的补充规定,凡在该地区进行的公路建设项目均要执行当地的补充规定。

取费程序实操
讲解(视频)

可扫码观看"取费程序实操讲解(视频)"。

1. 选择费率

从"预算书"界面切换到"取费程序"界面,根据施工图纸及项目的基本情况,在右窗口的"设置项目""设置值"中分别选择各项参数即可,标准的"工程参数"取用默认的费率即可。

在"取费程序"界面的右侧窗口,可根据工程所在地、费率标准选择相应的费率文件属性来确定相关的费率值。设置好费率属性后,可在"取费程序"左上方的窗口查看设置好的取费费率。

2. 其他操作

如有其他的费率特殊操作,如工程项目涉及两个冬季期或雨季期施工等情况,可通过"费率×系数""费率加权计算"等操作,直接单击鼠标右键即可弹出操作小窗口。

如需要保存一份常用地区的费率文件,也可通过"导出费率文件"另存,下次做新项目时,可以通过"导入费率文件"，直接调用上一次保存的常用地区的费率文件。

如某些地区补充规定有特殊规定，或费率参数和现行《公路工程建设项目概算预算编制办法》（JTG 3830）规定的不一致时，可手动直接修改某些参数，如需要查看各费用的计算公式，可以直接查看"计价规则"。

预算书项目划分
及套定额组价、
调整（视频）

三、计算概（预）算总金额

切换到"预算书"界面，可以计算概预算总金额的各部分费用，下面从第一部分建筑安装工程费开始，介绍"预算书"界面编制的具体操作步骤。

可扫码观看"预算书项目划分及套定额组价、调整（视频）"。

1. 建立项目表

造价文件的项目组成结构，一般按部颁标准项目表进行划分，根据工程项目规模的不同，项目表的划分可粗可细。

（1）添加标准项。

点击右上角的"标准模板"图标，展开"项目表"，如需添加分项，直接双击该分项名称或勾选点击"添加模块"，填写工程数量即可。

（2）添加非标准项。

如果在标准模板里没有找到对应的分部分项，可以直接单击鼠标右键，选择增加后面/子项的方法，增加非标准项，如挖土方-增加一个外购土方的分项，按项目表的编码规则，顺延增加的后项，手动输入编号、名称、单位、数量。

2. 套定额组价

根据施工图纸，划分好项目表后，即对各分部分项进行套定额组价。

点击选中需套定额的分项，点屏幕右上角的"定额库"，在相应的定额章节中找到需要选择的定额后，双击定额即可添加到该分项子目中。

在编制预算时，针对每个分项子目套好定额时，定额里的工程量不一定等于分项子目的工程数量，这个时候需要根据图纸复核工程量，再填到定额的工程量里。当定额的工作内容和计算分项的工作内容不完全一致时，要对定额进行必要的调整。同望 WECOST 的定额调整主要分为换算、配比、系数、辅助、单价调整（指局部工料机或单个定额中某一个工料机改预算单价）等几种情形。

在定额列表中选中要调整的定额细目，定位某条定额，"工料机"下窗口右边出现"定额调整"小窗口。

3. 计算项操作

如前面增加一非标准项，因没有标准定额可套用，可以通过增加"计算项"操作，或直接在该子目上通过"数量×单价"的方法，进行估值计算。右键单击增加计算项，填写编号、名称、单位、数量，单价可以通过"人工、材料、机械"列填入，选择对应的取费，进行费用计算。

通过"计算项"计算时，如需把该项费用算入定额建安费，务必在"人工、材料、机械"列填入单价，并选择相应取费，如"利润税金"，则把该项费用计入定额建安费中。"利润税金"取费类型，如在"材料列"填入单价，则此材料费计为直接费，再通过直接费按编办的程序进行各项费用计算,"利润税金"不计措施费、企业管理费和规费。

4. 分析计算

填写分项子目的工程量,或套完定额以及做了相应的定额调整或抽换后,或通过"计算项"的"数量×单价"后,需要点击"计算",该分项的单价、合价才会计算出来。

当第一部分建筑安装工程费、第二部分土地使用及拆迁补偿费、第三部分工程建设其他费、第四部分预备费和建设期贷款利息分别计算完毕后,即可以点击计算总金额,完成"预算书"界面的操作。

四、工料机汇总分析

工料机分析是对单位工程造价基础数据的分析,是计算各类费用的基础。在完成"预算书"窗口的操作后,切换进入"工料机汇总"窗口,系统会自动汇总当前单位工程的工料机信息,包括工料机编号、名称、单位、消耗量及单价信息,并可按人工、材料、机械、设备分类显示。

1. 人工单价

切换到"工料机汇总"界面,根据各省(区、市)的补充规定,查看工程所在的地人工单价,在对应的"人工""机械工"的预算价处,输入单价即可。

2. 材料预算价

材料预算价是指材料从料场到工地仓库的出库价格,不是材料的出厂价格,也不是市场价格,一般是以各省(区、市)主管部门发布的信息价为指导价,自营改增后,所填入的材料预算价,均是不含税的材料裸价。

切换到"工料机汇总"界面的"材料"分栏,通过直接输入材料预算价、在线刷价、导入单价文件或通过原价和运杂费计算,确定材料的预算价。

可扫码观看"材料预算价的计算(视频)"。

材料预算价的
计算(视频)

(1)直接输入单价。

根据相关部门发布的信息价,直接填入预算价列。

(2)直接在线刷价。

软件有快速的刷价功能,既可批量刷价,也可以单条刷价。登录天工造价会员,即可使用在线刷价功能。在线刷价可以大幅提高工作效率,减少手工输入材料的操作。定位某需要刷价的材料,直接点击"单条刷价"即可。

(3)通过原价和运杂费计算单价。

有些地方性材料,主管部门发布的信息价是材料原价,不含运杂费时,还需要计算材料从料场运到工地的运杂费。运杂费的计算,即对某一材料打勾"计算",再对应填入相关的参数计算。

3. 机械台班单价

机械台班单价由不变费用和可变费用组成,不变费用由定额规定,可变费用受机上人工及动力燃料的影响。填写相应的材料预算价后,机械台班费用将自动计算,软件操作只需要选择对应的车船税单价文件即可,不计养路费。

五、成果报表输出与打印

导出报表
操作（视频）

当确定了"取费程序""预算书""工料机汇总"界面的操作后，即可切换到"报表"界面，进行成果报表的输出，以及打印报表等操作。

1. 导出报表

切换到"报表"界面，根据项目需要，即可导出报表，报表可批量导出，导出格式可为 PDF、Excel，A3、A4 纸自由切换，同时还可对报表进行设置等。

可扫码观看"导出报表操作（视频）"。

2. 报表设置

在预算书报表界面或项目报表界面，点击"设置报表"按钮，会出现报表设置对话框，比如"通用数据设置""通用页面设置""当前节点设置""说明与帮助"，能够统一设置报表名称、页面边距、纸张大小等一些调节报表的参数。

六、数据交互应用

当编制完概（预）算的项目数据时，如果需要对项目数据进行交互应用，如另存、备份，或导出数据备份，发送给技术总工审核或其他上级单位审核时，可以通过系统"文件"—"导入"或"导出"等功能，进行项目数据的交互应用。

编制完成后，可以关掉正在编制的造价文件数据，退回到"项目管理"界面，选择要"导出"的建设项目文件，通过"文件"菜单栏"导出（或导入）"按钮，进行导出数据或另存数据的操作。也可以选中该建设项目，然后单击鼠标右键选择"导出（或导入）"—"WECOST 文件"操作。

单元三　公路工程投标报价操作流程

引导语

本单元结合同望 WECOST，学习公路工程投标报价编制的操作方法，并完成教材配套的工作页"学习任务 8：工程造价管理软件操作专项训练"。

相关知识

使用同望 WECOST 编制投标报价时，其基本流程主要分为以下七个步骤。

（1）新建建设项目及造价文件；

（2）选择参数，确定取费程序；

（3）计算第 100～700 章费用；

（4）工料机汇总分析；

（5）分摊与调价；

（6）成果报表输出与打印；

（7）数据交互应用。

一、新建建设项目及造价文件

新建建设项目或造价文件时，对应选择招标或实施的阶段，投标报价阶段务必选择【部 2018 清】部颁 2018 清单计价依据，主定额库默认为《预算定额》，项目模板默认为"公路工程 2018 清单模板"。

项目模板是指《公路工程标准施工招标文件（2018 年版）》中规定的工程量清单模板。

确定项目的基本信息后，定位到"造价文件"处，双击"计价依据"或右键—打开项目，即可进入"预算书"编制界面。

二、选择参数，确定取费程序

新建建设项目及造价文件之后，进入"预算书"界面，切换到"取费程序"界面，进行取费操作。

三、计算第 100～700 章费用

在编制清单报价时，可以直接通过系统功能，导入工程量清单。导入工程量后，即可对第 100～700 章进行套定额组价，以及相关的"取费程序""工料机汇总""分摊与调价"等操作，并导出招标文件要求的投标报表，如"5.1　工程量清单表""5.4　投标报价汇总表"等报表，最终和商务标文件、技术文件等组成投标文件，进行投标报价。

如何导入招标
工程量清单（视频）

可扫码观看"如何导入招标工程量清单（视频）"。

导入工程量清单后，在"预算书"界面自动生成各章节清单子目结构，第 100 章总则、第 200 章路基工程等清单均已导入。导入后，因投标时工程量清单须与招标工程量清单保持一致，此时可以通过"锁定清单"功能，对导入的清单进行锁定，以防误操作改动了某些清单的子目编号、清单名称或清单数量等。

导入清单后，即可以对清单子目进行套定额组价，以及定额调整等相关操作。第 200～700 章清单子目，套定额组完价后，可以进行第 100 章的列式计算。第 100 章总则下各个细目清单的取费，具体以实际项目的招标文件要求为准，进行列式计算。通常要计算的有保险费、安全生产费、承包人驻地建设费等子项，计算时可以通过基数计算，"数量 × 单价"或套定额组价的方式，常用的是按总额计算，直接填入金额，或者按基数列公式计算。

清单第 100 章列
公式计算（视频）

可扫码观看"清单第 100 章列公式计算（视频）"。

当进行第100～700章合计的费用计算时,如需要对其中的某些清单子目(如人工、材料、专业工程)进行专项暂定的,直接在该清单子目后面列处"专项暂定"打"√"确定,即可进行专项暂定的金额汇总。

暂列金额一般按3%计算,直接在公式处填入3%即可。

四、工料机汇总分析

当第100～700章的费用已经在预算书计算确定后,即可切换到"工料机汇总"界面,确定人工、材料、机械的预算单价。

五、分摊与调价

分摊与调价是编制完预算书、取费以及工料机汇总分析后的操作。在进行分摊或调价后,无法回到"预算书"界面进行调整。

(一)分摊应用

投标单位拿到业主或招标代理提供的招标工程量清单,但有些清单,比如混凝土搅拌站、弃土场建设费等费用,在施工的过程中会实际发生,而招标文件中的工程量清单却没有将其单独列为清单,这时,投标单位在清单报价的编制过程中,为了避免投标时遗漏实际施工过程中发生的大额费用,便可以通过分摊的功能,将此部分费用分摊到相关的清单里去。

系统提供按清单金额比例分摊、按集中拌混凝土用量分摊和按沥青混合料用量分摊三种分摊方式。

"分摊"界面分为3个窗口:"分摊方式""分摊源""分摊目标"。在"预算书"界面建立此分摊项,并通过套用相关定额算出此项的分摊金额,然后通过分摊功能把此项费用分摊到相关的清单子目里去。

第一步:建立分摊项,计算分摊金额。

第二步:切换到"分摊"界面,新增分摊步骤及分摊源。

第三步:选择分摊目标,并选择需要分摊到的清单子目。

第四步:选择分摊方式,计算分摊金额。除了按系统提供的三种分摊方式外,还可以自定义分摊比例。

第五步:清除数据,如操作错误或需要重新分摊,可以点击"清除数据",或右键—"清除数据"。

说明:分摊后的"分摊源"项不再出现在"标表2 工程量清单"中。

(二)调价应用

同望WECOST特别强化了清单调价功能,可成批调清单的"工料机消耗量、单价、费率";乘以系数后,所有单价分析表数据自动调整。

系统里有"正向调价""反向调价"两种模式。

可扫码观看"调价实操讲解(视频)"。

(1)正向调价。

"正向调价"可按调整工料机消耗量、工料机单价和综合费率三种方式进行操作。

第一步:输入调价系数。

直接在父节点处输入工料机消耗、工料机单价或综合费率的调价系数,子节点自动按此系数调整。

调价实操
讲解(视频)

第二步:点击正向调价。

点击"正向调价"按钮,则"目标报价"栏的"综合单价"和"金额"按调价系数计算出新的结果。

调价后可以在"差额"栏对比显示调整清单项的"单价差额"和"合价差额",便于客户对调价前后的金额进行对比分析。

(2)反向调价。

"反向调价"是用户在"目标报价"处输入目标项目的综合单价或合价金额,然后可按反调消耗、反调费率、反调单价三种方式进行组合操作,最后由系统根据用户输入的综合单价或合价金额反算调价系数。

常用的调价方式是反向调价,反向调价中常用的是反调消耗,一般不建议采用反调费率和反调单价的调价方式,如直接输入综合单价进行反调消耗调价。

第一步:输入目标单价。

直接在需要进行调价的清单输入目标单价。

第二步:点击"反调消耗"。

点击"反调消耗"按钮,则"目标报价"栏的"综合单价"和"金额"按反调消耗的调价系数计算出新的结果。

调价后可以在"差额"栏对比显示调整清单项的"单价差额"和"合价差额",便于客户对调价前后的金额进行对比分析。

当反调消耗时,会根据填入的目标单价进行反算消耗量计算。若反算消耗量不能达到最终想要的目标单价,这时可以再结合正向调价,微调消耗系数,以达到调价目标。

六、成果报表输出与打印

分摊与调价做完之后,编制投标报价的操作全部完成,此时可以按招标文件的要求,导出对应的投标报表,如标表1、标表2、单价分析表等。

点击某个报表,软件即可预览该报表的数据,可导出 Excel、PDF、固化清单等格式,如需要进行报表设置,也可以点击"报表设置",或特殊设置小窗口,下拉设置等。

可扫码观看"招投标清单编制及重点讲解操作(视频)"。

招投标清单编制
及重点讲解(视频)

七、数据交互应用

当编制完清单报价的项目数据时，如果需要对项目数据进行交互应用，如另存、备份，或导出数据备份，发送给投标负责人审核时，可以通过系统"文件"—"导入"或"导出"等功能，进行项目数据的交互应用。

·······《 模 块 考 核 》·······

思考题

1. 使用同望 WECOST 编制概（预）算文件分为几个步骤？

2. 使用同望 WECOST 编制投标报价文件分为几个步骤？

模块七
CHAPTER SEVEN

公路工程计量与支付管理平台应用

知识目标

(1) 了解计量支付的基本流程；

(2) 掌握使用计支宝工程信息化管理云平台的操作方法。

能力目标

能使用计量与支付管理平台完成公路工程项目的费用结算流程。

素质目标

(1) 培养团队协助与合作等意识；

(2) 培养自我学习的习惯和能力。

单元一　认识公路工程计量与支付管理平台

引导语

本单元结合计支宝工程信息化管理云平台,介绍公路工程计量与支付管理平台的主要功能和特点。

相关知识

一、常见计量与支付管理软件介绍

近年来,交通运输部提出在工程建设领域推广现代工程建设管理理念,提出"发展理念人本化、项目管理专业化、工程施工标准化、管理手段信息化、日常管理精细化"。工程项目管理的专业化、管理手段的信息化,均对工程管理提出了更高的要求。为满足这一需求,工程项目管理软件应运而生,并得到了广泛的应用。

在工程计量与支付方面,出现了计支宝工程信息化管理云平台、纵横计量支付结算决算一体化云版软件、同望计量支付系统等。本模块以计支宝工程信息化管理云平台为例,介绍运用数字化云平台进行公路工程项目计量与支付的操作步骤。

二、计支宝工程信息化管理云平台功能简介

1. 平台简介

计支宝工程信息化管理云平台是基于大数据 IT 运维的 SAAS(Software-as-a-Service,意为软件即服务,即通过网络提供软件服务)工程项目管理云平台,采用互联网、物联网、云计算、卫星导航及 BIM 建模等多领域技术,为工程建设项目提供在线资金管控、质量控制、安全管理、现场管理、资料档案管理、大数据分析预警等一系列良好、化繁为简、多项目多层级的快捷功能,涵盖国内公路、市政道路、地铁、房建等工程项目的信息化管理需求。

计支宝工程信息化管理云平台是一款以合同清单为基础,施工单位以结算周期为节点,将该项目本周期内完成的进度款对应的工程量、计量证据的现场资料等基础数据上传,参建单位(监理人、业主和审计方)同时在线进行审核的一款在线协同作业的结算平台。系统对过程中产生的数据,经过一系列存储、分析、转换、处理、整合后,形成规范的过程计量支付报表和结算台账。

2. 平台的特点与优势

平台主要具备以下特点:

(1)替代计算过程中的手工计算,解决各种资料文档不规范的问题,从而提高工作效率,降低工作失误;

(2)参建单位多方同时在线协同办公,降低沟通成本,提高工作效率;

(3)避免施工过程中变更签证资料繁杂、易丢失、与结算脱节等问题,从而提高参建各方的结算信任度,降低矛盾审计环节各方之间的矛盾;

(4)解决手工计量易产生的超计、漏计、重复计量等问题,降低管理风险;

(5)数据云端储存,避免因为人员异动产生文件丢失的问题。

平台具有以下优势:

(1)基于过程结算 SAAS 平台,操作简单,易学易用;

(2)验工计价,强制通过质量安全资料审批后才允许计量;

(3)超量预警,计量控制不超过核算量;

（4）实时生成报表数据和审批签字，报表格式自定义；

（5）一键查看多周期、多合同段、多项目结（决）算台账；

（6）短信通知包括质量安全进度等工程全方面信息；

（7）手机 App 同步 Web 端功能。

单元二 计支宝工程信息化管理云平台操作流程

📖 引导语

本单元结合计支宝工程信息化管理云平台，介绍公路工程计量与支付管理平台的操作流程，并完成教材配套的工作页"学习任务 9：工程计量与支付管理平台操作专项训练"。

📖 相关知识

一、平台操作中常见术语

（1）新建项目：添加项目，并对项目进行基本信息的配置与维护；

（2）新建合同：添加合同，对项目下所有的合同进行基本信息的配置与维护；

（3）业主单位：项目的发包人，即项目的建设单位；

（4）业主用户：业主单位下负责该项目对应事务的相关人员；

（5）参建单位：合同的乙方，即项目相应的承包人、监理人、设计方等；

（6）参建用户：参建单位下负责该项目合同一应事务的相关人员；

（7）用户授权：为业主用户和参建用户授权项目合同和系统菜单权限；

（8）工程量清单：施工承包方签署合同时的项目合同段工程量清单，可通过 Excel 导入；

（9）合同费用：工程量清单之外，无法通过计量进行结算的合同费用；

（10）计量流程：为合同配置相应的计量审批流程，并添加相应审批人；

（11）变更流程：为合同配置相应的变更审批流程及相应审批人，包括变更通知、变更申请、变更令流程；

（12）变更管理：根据项目实际进展情况，对合同约定之外的工程量进行相应变更，包括变更通知、变更申请、变更令；

（13）添加周期：根据发包人与承包人约定，进行工程计量的月份或周期；

（14）添加计量：基于周期对完成工程量进行详尽的计量管理，包括合同的清单计量和变更计量；

（15）审核计量：基于计量流程，对本周期的计量数据进行审核；

（16）标准报表：根据公路工程项目特征整理出来的标准报表模板；

（17）输出报表：审核结束后，根据报表模板和计量数据自动生成一套完整计量报表。

二、平台操作

1.平台的登录方式

第一步：打开浏览器；

平台操作讲解
（视频）

第二步：输入网址 https://edu.jizhibao.com.cn/；

第三步：输入用户名和密码，点击登录。

2.平台操作流程

平台操作流程主要包括十个主要步骤,如图 7-1 所示。下面是关于平台操作步骤的具体说明,也可扫码观看"平台操作讲解（视频）"。

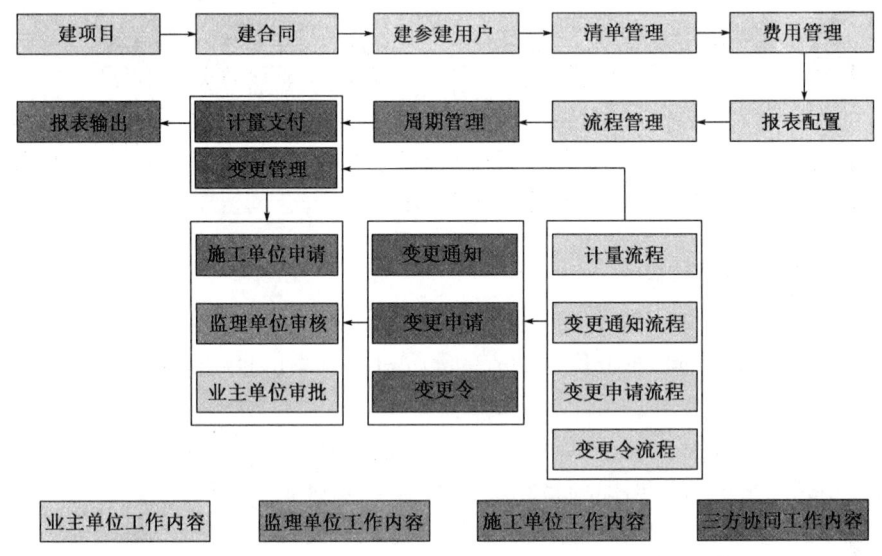

图 7-1　计支宝工程信息化管理云平台操作流程

（1）第一步：建项目。

进入主页后点击主目录"项目合同"下拉子目录"项目列表",在右边工具栏点击"添加",在弹出的对话框内填写项目信息,红色部分为必填内容,创建项目。

（2）第二步：建合同。

点击主目录"计量支付"下拉子目录"计量设置"下的"计量合同",在"项目"下拉框中选择刚添加的项目,点击"合同列表",选择需要建立的合同类别,如施工合同,点击"添加"按钮,在弹出的对话框中填写合同信息,点击"保存"创建合同。

（3）第三步：添加参建用户并授权。

点击主目录"计量设置"下拉子目录"参建用户",在"组织"下拉框中选择施工单位,点击"添加",在弹出的对话框中填写用户信息(红色为必填项,且用户名以字母和数字组合),点击"保存"完成用户添加。

点击"授权项目合同",在弹出的对话框中勾选需要授权的项目和合同,点击"保存"完成项目和合同授权。

点击"设置角色",在弹出的对话框中勾选需要设置的角色,点击"保存"即可。

(4)第四步:清单管理。

计量设置,点击主目录"计量支付"下拉子目录"计量设置",先选中施工合同,再选择计量类型,点击"＊＊计量",在下拉子目中选择"清单计量",点击"保存"即可。

清单导入,点击主目录"计量支付"下拉子目录"计量设置",再点击"清单管理"下拉目录"原始清单",先选中施工合同,点击"导入清单",在下拉框点击"选择文件",选择案例资料中的"合同清单",点击打开后,预览保存即可。

发票设置,点击主目录"计量支付"下拉子目录"计量设置",再点击"清单管理"下拉目录"清单设置",选择发票设置,点击"设置",选择需要发票识别验真设置的清单,再点击"保存"即可。

附件验证设置,点击主目录"计量支付"下拉子目录"计量设置",再点击"清单管理"下拉目录"清单设置",选择附件验证设置,点击"设置",选择需要设置附件验证的工程量清单,选择该项清单的附件资料目录,点击"从右侧关联",将清单与其背后的证据链资料关联即可。

超计量设置,点击主目录"计量支付"下拉子目录"计量设置",再点击"清单管理"下拉目录"清单设置",选择"超计量设置",点击"设置",可以根据合同要求设置清单结算工程量"不超原始量""不超核算量""允许超量"。

(5)第五步:费用条款设置。

点击主目录"计量支付"下拉子目录"计量设置",再点击"清单管理"下拉目录"费用条款",选择需要设置的费用条款,点击"设置",可以根据合同要求设置暂列金额、计日工、预付款、保证金等费用条款。

(6)第六步:报表配置,包括单位级、项目级、合同级计量支付报表配置。

点击主目录"报表配置"下拉子目录"单位报表",选择业主单位所需要的"计量支付标准报表",点击"导入"即可。

点击主目录"报表配置"下拉子目录"项目报表",选择项目所需要的"计量支付标准报表",点击"导入"即可。

点击主目录"报表配置"下拉子目录"合同报表",选择合同所需要的"计量支付标准报表",点击"导入"即可。

(7)第七步:流程管理,包括计量流程、变更通知流程、变更申请流程、变更令流程。

计量流程,点击主目录"计量支付"下拉子目录"计量设置",再点击"流程管理"下拉目录"计量流程",点击添加或修改需要设置的流程,点击保存即可。

变更通知流程,变更的提出,点击主目录"计量支付"下拉子目录"计量设置",再选择"变更通知流程",选择需要计量的合同并点击"添加",在弹出对话框中输入"身份"并勾选该身份对应的账号,点击"确定"。

变更申请流程,变更费用的流程,点击主目录"计量支付"下拉子目录"计量设置"的"流程管理",再选择"变更申请流程",选择需要计量的合同并点击"添加",在弹出对话框中输入"身份"并勾选该身份对应的账号,点击"确定"。

变更令流程,变更指令的发布,点击主目录"计量支付"下拉子目录"计量设置"的"流程管理"，再选择"变更令流程"，选择需要计量的合同并点击"添加"，在弹出对话框中输入"身份"并勾选该身份对应的账号，点击"确定"。

（8）第八步：周期管理。

点击主目录"计量支付"下拉子目录"周期管理"，点击"添加"，添加需计量的周期。

（9）第九步：变更管理和计量与支付。

①变更管理。

变更立项，登录施工单位/建设单位/监理单位账号，点击主目录"计量支付"下拉子目录"变更管理"，选择"变更通知"，点击"添加"完成相关信息录入后，点击"保存"后审核提交，由监理单位审核、业主单位审批。

变更费用申请，登录施工单位/建设单位/监理单位账号，点击主目录"计量支付"下拉子目录"变更管理"，选择"变更申请"，点击"添加"完成相关信息录入后，点击"保存"后审核提交，由监理单位审核、业主单位审批。

变更费用设置，根据变更资料，在添加完成的变更费用条目上点击"清单"，选择"添加量增减"或"新增清单"，点击"检索"选择变更涉及的清单，设置变更增减量或者新增清单。

变更指令的发布，登录建设单位/监理单位账号，点击主目录"计量支付"下拉子目录"变更管理"，选择"变更令"，点击"添加"完成相关信息录入后，点击"保存"后审核提交。"变更令"添加完成后，点击"发布"，将该条变更指令发布到相应周期内，即可在周期内进行变更的计量支付。

②计量与支付。

施工单位上报：施工单位上报计量与支付，点击主目录"计量支付"下拉子目录"计量支付"，选择周期，并选择需计量的合同清单，点击"添加"输入需计量的数目和相关信息，点击"保存"即可完成一项清单的计量。依次添加完该周期所有清单的计量后，点击"提交周期"，即可完成该周期的清单计量。提交当前周期后，当前状态显示施工单位经营部长，意为提交的计量周期由施工单位经营计量员到达施工单位经营部长，需等待施工单位经营部长审批。

监理单位审核：登录监理账户，点击主目录"计量支付"下拉子目录"计量支付"，或者右上角"待办"，选择需审核的清单列表，点击"审核"或者"审核全部"进行审核操作。如计量无误，可单个选择，或者全选"通过"，并填写审核意见，点击"保存"即可完成监理单位合约专监审核，点击"提交周期"将流程提交业主审核。若计量有误，可单个选择，或者全选"未通过"，并填写审核意见，点击"保存"即可完成监理审核，点击"退回周期"将流程退回施工单位经营部长重新计量。全部清单审核通过，并全部提交周期后，当前状态显示业主单位合约部长，意为提交的计量周期表到达业主账户，需等待业主审批。

业主单位审批：登录业主账户，点击主目录"计量支付"下拉子目录"计量支付"，或者右上角"待办"，选择需审核的清单列表，点击"审核"或者"审核全部"进行审核操作。如计量无误，可单个选择，或者全选"通过"，并填写审核意见，点击"保存"即可完成建设单位合约部长审核，点击"提交周期"，流程审批结束。若计量有误，可单个选择，或者全选"未通过"，并填写审核意见，点击"保存"即可完成业主审核，点击"退回周期"将流程退回监理单位合约专监重新审核。全部清单审核通过，即可查看该周期的计量报表。

（10）第十步：报表输出。

审批通过后，施工用户点击主目录"计量支付"，选择"报表输出"，选择所需要的报表导出、打印。打印后交予各部门签字，业主签字后，便可进行下周期的计量（业主提交后，则不可逆）。

·······《 模 块 考 核 》·······

思考题

使用计支宝工程信息化管理云平台执行工程计量与支付流程分为几个步骤？

附录一 概预算总项目表

分项编号	工程或费用名称	单位	主要工作内容	备注
1	第一部分　建筑安装工程费	公路公里		建设项目路线总长度(主线长度)
101	临时工程	公路公里		
10101	临时道路	km		新建施工便道与利用原有道路的总长
1010101	临时便道(修建、拆除与维护)	km		新建施工便道长度
1010102	原有道路的维护与恢复	km		利用原有道路长度
1010103	保通便道	km		
101010301	保通便道(修建、拆除与维护)	km		修建、拆除与维护
101010302	保通临时安全设施	km		临时安全设施修建、拆除与维护
10102	临时便桥、便涵	m/座		
1010201	临时便桥	m/座	修建、拆除与维护	临时施工汽车便桥
1010202	临时涵洞	m/座		
10103	临时码头	座		按不同的形式分级
10104	临时供电设施	总额		包括临时电力线路、变压器摊销等,不包括场外高压供电线路
10105	临时电信设施	总额		不包括广播线
	……			
102	路基工程	km		扣除主线桥梁、隧道和互通立交的主线长度,独立桥梁或隧道为引道或接线长度,下挂路基工程项目分表
	……			
103	路面工程	km		扣除主线桥梁、隧道和互通立交的主线长度,独立桥梁或隧道为引道或接线长度,下挂路面工程项目分表
	……			
104	桥梁涵洞工程	km		指桥梁长度
10401	涵洞工程	m/道		下挂涵洞工程项目分表
	……			
10402	小桥工程	m/座		
1040201	拱桥	m^2/m		下挂桥梁工程项目分表
1040202	矩形板桥	m^2/m		下挂桥梁工程项目分表

续上表

分项编号	工程或费用名称	单位	主要工作内容	备注
1040203	空心板桥	m²/m		下挂桥梁工程项目分表
1040204	小箱梁桥	m²/m		下挂桥梁工程项目分表
1040205	T梁桥	m²/m		下挂桥梁工程项目分表
	……			
10403	中桥工程	m/座		
1040301	拱桥	m²/m		下挂桥梁工程项目分表,不分基础、上(下)部
1040302	预制矩形板桥	m²/m		下挂桥梁工程项目分表,不分基础、上(下)部
1040303	预制空心板桥	m²/m		下挂桥梁工程项目分表,不分基础、上(下)部
1040304	预制小箱梁桥	m²/m		
1040305	预制T梁桥	m²/m		
1040306	现浇箱梁桥	m²/m		
	……			
10404	大桥工程	m/座		
1040401	×××桥(桥型、跨径)	m²/m		下挂桥梁工程项目分表
	……			
10405	特大桥工程	m/座		
1040501	××特大桥工程	m²/m		按桥名分级:技术复杂大桥先按主桥和引桥分级再按工程部位分级
104050101	引桥工程(桥型、跨径)	m²/m	不含桥面铺装及附属工程内容	标注跨径、桥型,下挂桥梁工程项目分表
104050102	主桥工程(桥型、跨径)	m²/m	不含桥面铺装及附属工程内容	标注跨径、桥型,下挂桥梁工程项目分表
104050103	桥面铺装	m³		下挂桥梁工程项目分表相应部分
104050104	附属工程	m		下挂桥梁工程项目分表相应部分
10406	桥梁维修加固工程	m²/m		下挂桥梁工程项目分表相应部分
	……			
105	隧道工程	km/座		按隧道名称分级,并注明其形式
10501	连拱隧道	km/座		
1050101	××隧道	m		下挂隧道工程项目分表
	……			

续上表

分项编号	工程或费用名称	单位	主要工作内容	备注
10502	小净距隧道	km/座		
1050201	××隧道	m		下挂隧道工程项目分表
	……			
10503	分离式隧道	km/座		
1050301	××隧道	m		下挂隧道工程项目分表
	……			
10504	下沉式隧道	km/座		
1050401	××隧道	m		下挂隧道工程项目分表
	……			
10505	沉管隧道	km/座		
1050501	××隧道	m		下挂隧道工程项目分表
	……			
10506	盾构隧道	km/座		
1050601	××隧道	m		下挂隧道工程项目分表
	……			
10507	其他形式隧道	km/座		
1050701	××隧道	m		下挂隧道工程项目分表
	……			
106	交叉工程	处		按不同的交叉形式分目
10601	平面交叉	处		按不同的类型分级
1060101	公路与等级公路平面交叉	处		下挂路基和路面等工程项目分表
1060102	公路与等外公路平面交叉	处		下挂路基和路面等工程项目分表
	……			
10602	通道	m/处		按结构类型分级
1060201	箱式通道	m/处		
1060202	板式通道	m/处		
1060203	拱形通道	m/处		
	……			
10603	天桥	m/座		按不同的结构类型分级,若有连接线,下挂路基和路面等工程项目分表
1060301	钢结构桥	m/处		
1060302	钢筋混凝土拱桥	m/处		
1060303	钢筋混凝土梁桥	m/处		
1060304	钢筋混凝土板桥	m/处		
	……			

续上表

分项编号	工程或费用名称	单位	主要工作内容	备注
10604	渡槽	m/处		按不同的结构类型分级
10605	分离式立体交叉	km/处		主线下穿时,上跨主线的计入分离立交,按交叉名称分级
1060501	××分离式立体交叉	处		
106050101	××分离立交桥梁	m		下挂桥梁模块
106050102	××分离立交连接线	km		下挂路基、路面、涵洞工程项目分表
	……			
10606	互通式立体交叉	km/处		按互通名称分级
1060601	××互通式立体交叉	km		注明类型,如单喇叭,再按主线和匝道分级
106060101	主线工程	km		下挂路基、路面、涵洞、桥梁等工程项目分表
106060102	匝道工程	km		下挂路基、路面、涵洞、桥梁等工程项目分表
	……			
107	交通工程及沿线设施	公路公里		
10701	交通安全设施	公路公里		下挂交通安全设施工程项目分表
	……			
10702	收费系统	车道/处		收费车道数/收费站数
1070201	收费中心设备安装与土建	收费车道		按不同的设备分级
1070202	收费中心设备费	收费车道		按不同的设备分级
1070203	收费站设备安装与土建	收费车道		按不同的设备分级
1070204	收费站设备费	收费车道		按不同的设备分级
1070205	收费车道设备安装与土建	收费车道		按不同的设备分级
1070206	收费车道设备费	收费车道		按不同的设备分级
1070207	收费系统配电工程	收费车道		按不同的设备分级
	……			
1070208	收费岛工程	收费车道	收费岛土建、收费亭	按不同的工程及设备分级
	……			
10703	监控系统	公路公里		
1070301	监控中心、分中心	公路公里		
107030101	监控中心、分中心设备安装	公路公里	含中心、分中心和隧道管理站等	按不同的设备分级

续上表

分项编号	工程或费用名称	单位	主要工作内容	备注
107030102	监控中心、分中心设备费	公路公里	含中心、分中心和隧道管理站等	按不同的设备分级
1070302	外场监控	公路公里		
107030201	外场监控设备安装	公路公里		按不同的设备分级
107030202	外场监控设备费	公路公里		按不同的设备分级
1070303	监控系统配电工程	公路公里		按不同的设备分级
	……			
10704	通信系统	公路公里		
1070401	通信系统设备安装	公路公里		按不同的设施分级
1070402	通信系统设备费	公路公里		按不同的设施分级
	……			
1070403	缆线安装工程	公路公里		主材与安装费分列
107040301	缆线安装	公路公里		
107040302	缆线主材费用	公路公里		
	……			
10705	隧道机电工程	km/座		指隧道双洞长度及座数。按单座隧道进行分级
1070501	×××隧道机电工程			下挂隧道机电工程项目分表
	……			
10706	供电及照明系统	km		不含隧道内供配电
1070601	供电系统设备及安装	公路公里		按不同的部位分级
107060101	场区供电设备安装	公路公里		按不同的设施分级
107060102	场区供电设备费	公路公里		按不同的设施分级
1070602	照明系统设备与安装	公路公里		
107060201	场区照明安装	公路公里		
107060202	场区照明系统设备费	公路公里	不含灯杆、灯架、灯座箱	
107060203	大桥照明安装	公路公里		
107060204	大桥照明设备费	公路公里	不含灯杆、灯架、灯座箱	
	……			
10707	管理、养护、服务房建工程	m²		
1070701	管理中心	m²/处		
107070101	房建工程	m²		

续上表

分项编号	工程或费用名称	单位	主要工作内容	备注
	……			
1070702	养护工区	m²/处		
107070201	房建工程	m²		注明砖混或框架等结构形式
107070202	附属设施	m²		围墙、大门、道路、场区硬化、照明、排水等,不含土石方工程
	……			
1070703	服务区	m²/处		
107070301	服务区房屋	m²		注明砖混或框架等结构形式
107070302	附属设施	m²	含围墙、大门、道路、场区硬化、照明、排水等,不含广场(场坪)土石方工程	广场(场坪)填挖土石方工程在主线土石方工程中
	……			
1070704	停车区	m²/处		
	……			
1070705	收费站(棚)	m²/处		
107070501	服务区房建工程	m²		注明砖混或框架等结构形式
107070502	收费大棚	m²		注明砖混或框架等结构形式
107070503	附属设施	m²	含围墙、大门、道路、场区硬化、照明、排水等,不含广场(场坪)土石方工程	广场(场坪)填挖土石方工程在主线土石方工程中
	……			
1070706	公共交通车站	处		
107070601	港湾式	处		
107070605	直接式	处		
	……			
108	绿化及环境保护工程	公路公里		
10801	主线绿化及环境保护工程	公路公里		下挂绿化及环境保护工程项目分表
	……			
10802	互通立交绿化及环境保护工程	处		
1080201	××互通立交绿化及环境保护	处		下挂绿化及环境保护工程项目分表
	……			

续上表

分项编号	工程或费用名称	单位	主要工作内容	备注
10803	管养设施绿化及环境保护工程	m²		按管养设施名称分级
1080301	××管理中心绿化及环境保护	m²		下挂绿化及环境保护工程项目分表
	……			
1080302	××服务区绿化及环境保护	m²		下挂绿化及环境保护工程项目分表
	……			
1080303	××停车区绿化及环境保护	m²		下挂绿化及环境保护工程项目分表
	……			
1080304	××养护工区绿化及环境保护	m²		下挂绿化及环境保护工程项目分表
	……			
1080305	××收费站绿化及环境保护	m²		下挂绿化及环境保护工程项目分表
	……			
10804	污水处理设施	处		按不同的内容分级
	……			
10805	取、弃土场绿化	处		下挂绿化及环境保护工程项目分表
	……			
109	其他工程	公路公里		
10901	联络线、支线工程	km/处		
1090101	××联络线、支线工程	km/处		下挂路基、路面、涵洞、桥梁、隧道、交通安全设施等工程项目分表
	……			
10902	连接线工程	km/处		
1090201	××连接线工程	km/处		下挂路基、路面、涵洞、桥梁、隧道、交通安全设施等工程项目分表
	……			
10903	辅道工程	km/处		
1090301	××辅道工程	km/处		下挂路基、路面、涵洞、桥梁、隧道、交通安全设施等工程项目分表
	……			
10904	改路工程	km/处		下挂路基工程项目分表
	……			
10905	改河、改沟、改渠	m/处		下挂路基工程项目分表
	……			
10906	悬出路台	m/处		
10907	渡口码头	处		
10908	取、弃土场排水防护	m³		下挂路基工程项目分表

续上表

分项编号	工程或费用名称	单位	主要工作内容	备注
	……			
110	专项费用	元		
11001	施工场地建设费	元		
11002	安全生产费	元		
	……			
2	第二部分 土地使用及拆迁补偿费	公路公里		
201	土地使用费	亩		
20101	永久征用土地	亩		按土地类别属性分类
20102	临时用地	亩		按使用性质分类
202	拆迁补偿费	公路公里		
203	其他补偿费	公路公里		
	……			
3	第三部分 工程建设其他费	公路公里		
301	建设项目管理费	公路公里		
30101	建设单位(业主)管理费	公路公里		
30102	建设项目信息化费	公路公里		
30103	工程监理费	公路公里		
30104	设计文件审查费	公路公里		
30105	竣(交)工验收试验检测费	公路公里		
302	研究试验费	公路公里		
303	建设项目前期工作费	公路公里		
304	专项评价(估)费	公路公里		
305	联合试运转费	公路公里		
306	生产准备费	公路公里		
30601	工器具购置费	公路公里		
30602	办公和生活用家具购置费	公路公里		
30603	生产人员培训费	公路公里		
30604	应急保通设备购置费	公路公里		
307	工程保通管理费	公路公里		
30701	保通便道管理费	km		
30702	施工期通航安全保障费	处		
30703	营运铁路保通管理费	处		
	……			
308	工程保险费	公路公里		

续上表

分项编号	工程或费用名称	单位	主要工作内容	备注
309	其他相关费用	公路公里		
4	第四部分　预备费	公路公里		
401	基本预备费	公路公里		
402	价差预备费	公路公里		
5	第一至四部分合计	公路公里		
6	建设期贷款利息	公路公里		
7	公路基本造价	公路公里		

注:此项目表和分项编码文本及电子库由《公路工程建设项目概算预算编制办法》(JTG 3830—2018)主编单位统一管理。编制概算、预算时,应执行统一的分项编号。

附录二 路面工程项目分表

分项编号	工程或费用名称	单位	主要工作内容	备注
LM01	沥青混凝土路面			
LM0101	路面垫层	m²		按不同的材料分级
LM010101	碎石垫层	m²		按不同的厚度分级
LM010102	砂砾垫层	m²		按不同的厚度分级
	……			
LM0102	路面底基层	m²		按不同的材料分级
LM010201	石灰稳定类底基层	m²		按不同的厚度分级
LM010202	水泥稳定类底基层	m²		按不同的厚度分级
LM010203	石灰粉煤灰稳定类底基层	m²		按不同的厚度分级
LM010204	级配碎(砾)石底基层	m²		按不同的厚度分级
	……			
LM0103	路面基层	m²		按不同的材料分级
LM010301	石灰稳定类基层	m²		按不同的厚度分级
LM010302	水泥稳定类基层	m²		按不同的厚度分级
LM010303	石灰粉煤灰稳定类基层	m²		按不同的厚度分级
LM010304	级配碎(砾)石基层	m²		按不同的厚度分级
LM010305	水泥混凝土基层	m²		按不同的厚度分级
LM010306	沥青碎石混合料基层	m²		按不同的厚度分级
	……			
LM0104	透层、黏层、封层	m²		按不同的形式分级
LM010401	透层	m²		按不同的材料分级
LM010402	黏层	m²		按不同的材料分级
LM010403	封层	m²		按不同的材料分级
LM010404	沥青表处封层	m²		
LM010405	稀浆封层	m²		
LM010406	沥青同步碎石封层	m²		
LM010407	土工布	m²		
LM010408	玻璃纤维格栅	m²		
	……			
LM0105	沥青混凝土面层	m²		
LM010501	粗粒式沥青混凝土面层	m²		按不同的厚度分级
LM010502	中粒式沥青混凝土面层	m²		按不同的厚度分级

分项编号	工程或费用名称	单位	主要工作内容	备注
LM010503	细粒式沥青混凝土面层	m²		按不同的厚度分级
LM010504	改性沥青混凝土面层	m²		按不同的厚度分级
LM010505	沥青玛蹄脂碎石混合料面层	m²		按不同的厚度分级
	......			
LM02	水泥混凝土路面	m²		
LM0201	路面垫层	m²		按不同的材料分级
LM020101	碎石垫层	m²		按不同的厚度分级
LM020102	砂砾垫层	m²		按不同的厚度分级
	......			
LM0202	路面底基层	m²		按不同的材料分级
LM020201	石灰稳定类底基层	m²		按不同的厚度分级
LM020202	水泥稳定类底基层	m²		按不同的厚度分级
LM020203	石灰粉煤灰稳定类底基层	m²		按不同的厚度分级
LM020204	级配碎(砾)石底基层	m²		按不同的厚度分级
	......			
LM0203	路面基层	m²		按不同的材料分级
LM020301	石灰稳定类基层	m²		按不同的厚度分级
LM020302	水泥稳定类基层	m²		按不同的厚度分级
LM020303	石灰粉煤灰稳定类基层	m²		按不同的厚度分级
LM020304	级配碎(砾)石基层	m²		按不同的厚度分级
LM020305	水泥混凝土基层	m²		按不同的厚度分级
LM020306	沥青碎石混合料基层	m²		按不同的厚度分级
	......			
LM0204	透层、黏层、封层	m²		按不同的形式分级
LM020401	透层	m²		按不同的材料分级
LM020402	黏层	m²		按不同的材料分级
LM020403	封层	m²		按不同的材料分级
LM020404	沥青表处封层	m²		
LM020405	稀浆封层	m²		
LM020406	沥青同步碎石封层	m²		
LM020407	土工布	m²		
LM020408	玻璃纤维格栅	m²		
	......			
LM0205	水泥混凝土面层	m²		按不同的材料分级
LM020501	水泥混凝土	m²		按不同的厚度分级

续上表

分项编号	工程或费用名称	单位	主要工作内容	备注
LM020502	钢筋	t		
LM03	其他路面	m²		按不同的类型分级
	……			
LM04	路槽、路肩及中央分隔带	m²		
LM0401	挖路槽	m²		按不同的土质分级
LM040101	土质路槽	m²		
LM040102	石质路槽	m²		
LM0402	路肩	km		
LM040201	培路肩	m³		
LM040202	土路肩加固	m³		按不同的加固方式分级
LM04020201	现浇混凝土	m³		
LM04020202	铺砌混凝土预制块（路边石）	m³		
LM04020203	浆砌片石	m³		
	……			
LM0403	中间带	km		
LM040301	回填土	m³		
LM040302	路缘石	m³		按现浇和预制安装分级
LM040303	混凝土过水槽	m³		
	……			
LM05	路面排水	km		按不同的类型分级
LM0501	拦水带	m		按不同的材料分级
LM050101	沥青混凝土	m²/m		
LM050102	水泥混凝土	m³/m		
LM0502	排水沟	m³/m		按不同的类型分级
LM050201	路肩排水沟	m³/m		
LM050202	中央分隔带排水沟	m³/m		
LM0503	混凝土过水槽	m³		
LM0504	排水管	t		按不同的类型分级
LM050401	纵向排水管	m		按不同的管径分级
LM050402	横向排水管	m/道		
LM0505	集水井	m³/个		按不同的规格分级
LM0506	检查井	m³/个		
	……			
LM06	旧路面处理	km/m²		按不同的类型分级
	……			

参 考 文 献

[1] 中华人民共和国交通运输部. 公路工程建设项目造价文件管理导则: JTG 3810—2017 [S]. 北京: 人民交通出版社股份有限公司, 2018.

[2] 中华人民共和国交通运输部. 公路工程建设项目投资估算编制办法: JTG 3820—2018 [S]. 北京: 人民交通出版社股份有限公司, 2019.

[3] 中华人民共和国交通运输部. 公路工程估算指标: JTG/T 3821—2018 [S]. 北京: 人民交通出版社股份有限公司, 2018.

[4] 中华人民共和国交通运输部. 公路工程建设项目概算预算编制办法: JTG 3830—2018 [S]. 北京: 人民交通出版社股份有限公司, 2018.

[5] 中华人民共和国交通运输部. 公路工程概算定额(上、下册): JTG/T 3831—2018 [S]. 北京: 人民交通出版社股份有限公司, 2018.

[6] 中华人民共和国交通运输部. 公路工程预算定额(上、下册): JTG/T 3832—2018 [S]. 北京: 人民交通出版社股份有限公司, 2018.

[7] 中华人民共和国交通运输部. 公路工程机械台班费用定额: JTG/T 3833—2018 [S]. 北京: 人民交通出版社股份有限公司, 2018.

[8] 中华人民共和国交通运输部. 公路工程质量检验评定标准　第一册　土建工程: JTG F80/1—2017 [S]. 北京: 人民交通出版社股份有限公司, 2018.

[9] 《标准文件》编制组. 中华人民共和国标准施工招标文件 [M]. 北京: 中国计划出版社, 2008.

[10] 中华人民共和国交通运输部. 公路工程标准施工招标文件(2018 年版) [M]. 北京: 人民交通出版社股份有限公司, 2018.

[11] 中华人民共和国交通部. 公路工程基本建设项目设计文件编制办法 [M]. 北京: 人民交通出版社, 2007.

[12] 周庆华. 公路工程定额编制与运用 [M]. 北京: 人民交通出版社股份有限公司, 2019.

[13] 俞素平, 孙莉萍, 徐筱婷. 公路工程定额与造价 [M]. 4 版. 北京: 人民交通出版社股份有限公司, 2019.

[14] 俞素平, 孙莉萍, 姜海莹. 公路工程计量与计价实务 [M]. 北京: 清华大学出版社, 2022.

[15] 陆春其. 公路工程造价 [M]. 5 版. 北京: 人民交通出版社股份有限公司, 2022.

[16] 孔凡国. 公路工程造价管理概论 [M]. 北京: 人民交通出版社股份有限公司, 2019.

[17] 吴美红, 胡欣. 公路工程计量与支付实务 [M]. 北京: 人民交通出版社股份有限公司, 2023.